巨大地震を生きのびる

国立極地研究所
名誉教授
神沼克伊◉著
Kaminuma Katsutada

ロギカ書房

1891（明治 24）年、「濃尾地震」（M8.0）で岐阜県西部根尾谷に出現した「水鳥（ミドリ）断層」。上下のズレ 6 m、水平方向の左横ズレ 2 m。

1923（大正 12）年 9 月 1 日 11 時 58 分、「大正関東地震」（M7.9）が発生。発震時に止まったままの横浜駅プラットホームの時計と駅長（当時）。時計と駅長の写真はほかにも知られていたが、すべてはこの写真からのトリミングと判明している。

大正関東地震の被災直後の横浜駅前広場。

被災した横浜市の市内電車。

復興に活躍したバラック電車。

1995（平成7）年１月17日、「兵庫県南部地震」（M7.3）の震源地に出現した「野島断層」。淡路島に保存館が作られている。上下のズレは50cm、水平は右横ズレ1.5m。

「阪神・淡路大震災」と呼ばれるこの地震の１つの特徴は、多くのビルの中層階の１階部分だけが完全に潰れていた。「信託銀行」の「託」の字が欠落している。

神戸市内震度７の地域の東海道線は高架が完全に破壊された。

被災時、 中層階が完全に破壊された神戸市役所

再建後、 市役所の建物は５階建てに修復された。

2011（平成 23）年 3 月 11 日、「東北地方太平洋沖地震」（M9.0）は、巨大津波を伴い大災害が発生した。陸上には多くの船舶が打ち上げられた。陸に上がった漁船（気仙沼）。

漁港に面して建てられていたビルは根こそぎ倒れていた（石巻）。

1847（弘化 4）年、「弘化の善光寺」（M7.4）の痕跡は、長野市善光寺に今も残っている。
本堂正面の左側の釣鐘が落下し、中央の柱下に残るその傷跡。

本堂向かって右側入り口の柱がねじれている有様が現在もそのまま残っている。

まえがき
―関東大震災から100年目を前にして

「2023年9月1日は大正関東地震（関東大震災、M7・9）の百年目である。10年前『首都圏巨大地震を読み解く』（三五館、2013）を上梓したが、残念ながら出版社の閉館により廃刊となった。同書には1495年の「明応の関東地震」と1498年の「明応の東海地震」（M8・2〜8・4）とを区別し、改めて明応関東地震の存在を示したこと、個人がすべき究極の地震対策として「抗震力」を提唱した、2つの特徴があった。廃刊を惜しむ何人かの地震研究者から復刻版を出したらという助言を得ていたが、関東地震100周年を前に、その後の10年間の地震予知関係の出来事も加え、改めて上梓することにした。そのため第0章を新たに設けた。以下は旧書の「まえがき」である。

『2013年9月1日は大正関東地震の90周年目である。関東大震災の死者は10万人、東日本大震災の5倍である。それ以前のおよそ80年間で東京にはM7クラスの地震が2回、M6クラスは10回近く起きている。私の住む神奈川県の湘南海岸は大正関東地震の震源地の真上である。「次の関東地震はいつか？」は首都圏の住民にとっては大問題である。

東日本大震災で「想定外」を連発した国や自治体も一部の研究者も、今度は「最悪の事態を想定」とばかり、地球上で極めて稀にしか起きそうもない事象を、あたかも日常茶飯に起きるかのごとき錯覚を住民に与えている。東日本大震災直後、２つのメディアに首都圏直下型の地震が近いうちに発生しないかを地震研究者に問う記事が出ていた。20人近い研究者すべてが「1~2年のうちに発生する可能性大」と答えていた。しかし12年以上が経過しても首都圏の地震活動は、今は静かである。

明日にも超巨大地震や首都圏直下型地震が起こると言わんばかりだ。この風潮を、私は「Ｍ９シンドローム」と呼んでいる。研究者は次々に「最悪の事態」を想定し、行政、自治体もそれにそうように壊滅的な被害予測をしている。しかし、住民に対しては具体的な対応策をほとんど示していない。筆者は個人が地震に備える具体策として「抗震力」を提唱する。（以下略）』

その後地震予知には大きな変化が起きた。１９７８年に制定された大規模地震対策特別措置法（大震法）が方向転換をし、東海地震の発生前に「警戒宣言」が発せられなくなった。多少の被害を伴った有感地震が起こるたびに、気象庁は「起こった地震と同程度の強さの揺れを伴う地震が起こる可能性があるから注意」と発表するようになり「余震」という言葉を使わなくなった。

せっかく出版するのであるから、単なる復刻ではなく若干の加筆と訂正も加えた。提唱している「抗震力」の知名度は低いが、私は大地震に遭遇したときの究極の目的は「生き延びることだ」と考える。自分も家族も「生き延びるにはどうすべきか」、本書を読んで考えて欲しいと願う。

読んでいただければ分かるが、首都圏で地震が頻発し始めるのは、今世紀の後半からである。次の関東地震は2150年ごろと予想している。現代の私たちには直接関係はなさそうだが、各家庭で抗震力を話題にし、それぞれの家庭ごとに地震に対処する力をつけて欲しい。子から孫、さらにひ孫へと語り継ぐことにより、日本列島全体で一般市民が地震に対して成熟し、地震に強い社会が形成されていくであろう。その先に次の関東地震が起きれば、本書の目的は達せられると考える。

21世紀に入っても話題が続いている南海トラフ沿いの地震は、過去の例からは21世紀の後半には起こるだろう。しかし、その発生すると予測される地震は超巨大地震とすると受け取れる番組を放映するテレビ局があった。1000年に一度といわれる超巨大地震の発生する割合は低いにもかかわらず、多くの人の心配をあおるような内容で、まだM9シンドロームに罹患しているようである。しかしその対応は首都圏と同じで、個人で、各家庭で抗震力を身に着けて欲しい。

地震関係の数値は『理科年表』（丸善）によっている。新しいデータは『理科年表2023』によった。

2023年7月

神沼 克伊

目次

第2章 次の首都圏地震を探る①

鎌倉大仏は知っていた

第3章 次の首都圏地震を探る②
新発見、明応の関東地震

第4章 M9シンドローム

第5章 あなたの命を守る「抗震力」

第6章　「抗震力」のための地震学

第0章
2つの巨大地震

1・南海トラフ沿いの巨大地震

「巨大地震」はマグニチュード（M）8クラスの地震を示す用語である。M7・9の大正関東地震や南海地震、東海地震なども巨大地震の範疇に入れるのが一般的である。本書ではM9クラスの地震は「超巨大地震」と呼ぶことにする。

日本列島では1891年の「濃尾地震」（M8・0）をのぞいて、列島内の陸上で巨大地震が発生した例はない。巨大地震はすべて太平洋岸で太平洋プレートの沈み込みによって形成されている千島海溝から日本海溝、フィリピン海プレートによる相模トラフ、駿河トラフ、南海トラフ、南西諸島海溝沿いで発生している。そして現在最も心配されているのが南海トラフ沿いの地震と、大正関東地震から100年が経過する関東地震である。

本書では過去の「発生した時間間隔に従って次の関東地震が発生すれば」という仮定の下で、次の関東地震は2150年ごろ、つまり22世紀になって発生すると予測している（第3章7節参照）。

南海トラフ沿いの地震に関しては第4章2節で概略を述べているが、その発生には2つの特徴がある。1つはその発生間隔が1361年の「正平の南海地震」（M8¼〜8・5）

からそれまでの200〜250年から90〜150年ぐらいと短くなっている。第2の特徴はM8クラスの地震が短ければ1日ぐらい、長くても2〜3年の間隔を置いて続けて発生することである。したがって関東地震同様に、「過去と同じような発生間隔で起こる」と仮定すれば、前回が1944年と1946年であるから、その発生は21世紀の後半、2050年ごろから2100年までの間に起こると予測される。さらにその次の地震も2100年代の後半、関東地震の起きた後に起こるだろう。

実はこの関東地震発生から数年から20年後ぐらいに南海トラフ地震が発生する傾向がある。第3章4節で述べるように、1495年の「明応関東地震」に次いで1498年に「明応の東海地震」（M8・2〜8・4）が発生している。1703年の「元禄関東地震」（M7・9〜8・2）に続いて1707年に「宝永の南海・東海地震」（M8・6）、1923年の「大正関東地震」の後1944年12月の「東南海地震」（モーメントマグニチュードMw8・1）と2年後の1946年12月に「南海地震」（M8・0）がそれぞれ発生している。

この事実から、22世紀に入り関東地震が発生した後に、時を置かずして南海トラフ沿いの地震が発生する可能性は高い。その発生は単独の巨大地震か2つが連動するかは分からないが、これまでの例に従えば、首都圏から中部圏、関西圏の太平洋沿岸の日本のメガロポリスが甚大な被害を受ける可能性がある。これを「22世紀問題」と提起し、注意を喚起しているが、先の話と考えず長期的視野で対応しておくべきである（拙著「あしたの地震学」

青土社、2020年、『あしたの防災学』青土社、2022年)。

第1章4節で示すように、少なくとも南海トラフ沿いの地震に関しては、大規模地震特別措置法(大震法)により、その発生前に観測網で異常を検知し「警戒宣言」が発せられることになっていたが、それは不可能と法律の方向転換が行われた。そして巨大地震が突然起きるから注意するようにとの政府の方針が示されたのだ。

1970年代に大騒ぎが起きた東海地震発生説、1995年の阪神・淡路大震災(兵庫県南部地震、M7・3)以来発せられていた「大地震切迫説」はともに、地震が発生することなく言われなくなっている。しかし、「南海トラフ沿いの地震が21世紀の後半に起きそうだ」は単なる憶測や勘ではなく、過去の地震発生の時間間隔からの予測であり、可能性は大である。

20世紀の初期に世の中を席巻した、東京帝国大学地震学教室の大森房吉教授や今村明恒助教授の地震発生説は、第3章6節で述べてあるが大正関東地震発生前の首都圏の地震活動が徐々に活発になりつつある時期に発せられていた。現在の首都圏の地震活動は静穏期である。しかし、後述するように、21世紀の後半からは、少しずつ地震活動は活発になる。そしてそれとは別に南海トラフ沿いの巨大地震が発生すると予測する。ではその発生する巨大地震はどの程度の大きさかは、次節で述べる。

2・NHKスペシャル「南海トラフ巨大地震」について

2023年3月4日と5日に、NHKテレビは3回に分けて、ドラマ仕立ての巨大地震関連の番組が放映された。4日の番組紹介（朝日新聞・東京版）は以下の通りである。

『近い将来起こるとされる「南海トラフ巨大地震」。多くの専門家は、時間差で巨大地震が起こる〝半割れ〟を警戒する。想定被害の全容と防災対策ドラマとドキュメンタリーの2部構成で紹介。第1部のドラマの前編を送る。大阪で、ばね工場を営む森澤（松尾諭）らの日常が〝西側の半割れ〟として和歌山県南方沖を震源地とする巨大地震で一変。家族は安否不明に。1週間後、恐れていた〝東側の半割れ〟が発生する（以下略）』

5日の番組紹介は以下の通りである。

『「南海トラフ巨大地震」の第2部は、第1部のドラマで提示された課題をどう乗り越えるかを最新の研究を基に考察する。地震や津波から命を守るためにできること、被災後、たとえ支援が十分でなかったとしても生き延びる方法、いつ地震が起きても大丈夫な日ごろの備えなどを専門家の解説とともに提示する』

番組の構成は

●ドラマ前編M8・9の巨大地震が日本を襲う〝揺れ・津波・火災〟三重苦の中で……
●ドラマ後編・日本襲う最悪シナリオ＝半割れ
●30年以内にM8級が？未曾有の過酷シナリオ激震・津波▽命を守るためにできることは

である。

まず気になったのは「南海トラフ沿いの巨大地震は必ず来る」という言葉である。今世紀中に巨大地震は必ず起きるだろうが、それが超巨大地震である可能性は極めて低い。過去の南海トラフ沿いの巨大地震の中で1000年に一度の超巨大地震ではなかったかと考えられているのは1707年の宝永の東海・南海地震である。この地震から49日後に富士山の宝永噴火が発生して、セットで話題になる地震である。そんな地震が起きてからまだ300年程度しか経過していない。超巨大地震が起きるのはまだ数百年先であろうと考えるのが妥当であろう。

ところがこのテレビ放映の地震はその内容から明らかに超巨大地震を意識した地震で、第4章3節で詳述しているように、東日本大震災時のように「想定外」を言わないために「最悪のシナリオ」を描いた地震である。まさに第4章で述べる「M9シンドローム」の典型事象で、依然としてM9シンドロームに罹患している発想といえる。

南海トラフ沿いで100～150年に一度の割合で起こるのはM8クラスの巨大地震であることは間違いないし、すでに述べたように21世紀のうちに一度は起こる可能性が高い。しかしその巨大地震がM9クラスの超巨大地震である可能性は低いのだ。しかしこの番組では政府が発表しているM9・1 の巨大地震を意識したような最悪のシナリオが描かれている。

この番組を見たという人に私が聞いたところでは全員が、次の南海トラフ沿いの地震はテレビで放映されたようになる、即ち超巨大地震が起きると解釈していた。ここにトリックがある。

M9・1の地震を本書では超巨大地震として、巨大地震とは区別している。巨大地震と超巨大地震では地震のエネルギーにはおよそ20倍から30倍の違いがある。超巨大地震は数百年から1000年に一度の程度で発生すると考えられている。この違いを考慮せず、「必ず起こる次の南海トラフ沿いの地震は超巨大地震」として、その災害を予測し、啓発している。その点をM9シンドロームと指摘しておく。

番組で想定している過去の地震は1854年12月23日の「安政の東海地震」（M8・4）とその30時間後に起きた「安政の南海地震」（M8・4）のようだ。南海トラフ沿いの半分が壊れて最初の地震が発生したと考え「半割れ」という言葉が使われた。

この番組の利点は第1章2節で述べた「地震に成熟した社会の構築」には極めて有効な

ことだ。超巨大地震が発生したらどうなるか、その情報を全国民に伝えていた。全国民がそれぞれの発生の可能性を考えながら、超巨大地震で発生する津波を含めた災害、巨大地震での災害、M７クラスの大地震での災害、M６クラスの中地震での災害、それぞれを分けて考える知識と教養を身につけることの端緒になることは確かであろう。「地震に成熟した社会の構築」の啓蒙には役立つ番組である。

しかし、ではその対策はとなると、専門家として番組に出ている人の歯切れは悪くなる。未曾有の災害に対する対応など1時間程度の番組では語り尽くせないはずだ。地震対策の多くは「地震に強い街造り」として行政の仕事である。これはいつの時代になっても十分とはいかないだろう。結局番組を見た個人は、巨大地震が起これば大変だとは理解しても、では日常どうすれば良いのかの答えは得られていない。

番組のもう1つ良かった点は「地震に遭遇しても必ず生き延びる」ことを強調したことだ。私が知る限りテレビ放映で、地震対策の目的として「生き延びる」ことをこれほど明言したのは初めてである。私は30年以上前から「究極の地震対策」として「自分も家族も地震では絶対に死なない」ことを目的にしていると言い続けている（拙著「地震学者の個人的地震対策」三五館、１９９９年）。しかし、テレビに出る専門家は「地震に備えろ」というような抽象的な発言に終始し続けている。私は初めてテレビで「地震で生き延びる」という目標を聞き、少しは地震対策として社会が進歩してきたのではと感じた。

本書では個人的な地震対策として、第5章で詳述しているように、「抗震力」を推奨している。抗震力の目的は「地震に遭遇しても必ず生き延びる」ことを目的にしている。そのような術は一朝一夕には得られない。「抗震力」を身につける日ごろの努力の積み重ねの結果得られるのだ。個人で、家庭で、時にはそれぞれの職場や、居住地域の自治会などでも話し合いを重ねることでそのレベルがあげられていく。

「地震に成熟した社会が構築」され、それが個々の知識として抗震力に結びつき、一歩一歩でもそれぞれの力量がアップされることにより、全体の力となって超巨大地震でも人命の犠牲は少なくできる。それはそれぞれの世代が地震に成熟し、抗震力を身につけ子から孫へと世代を超えて継承されることによってはじめて可能となる。

NHKはこれまでにも「メガアースクエイク」というような番組で、超巨大地震では大災害が発生すると啓蒙はしているが、「危ない」、「備えろ」、「注意しろ」というような抽象的な表現の繰り返しにとどまっている。いつ発生するかもわからない地震を、近未来に発生するかの如く放映を繰り返しているだけでは、日本社会はいつまでたっても「地震に成熟した社会」にはならないことに気が付くべきである。

巨大地震と1000年に一度の超巨大地震に対する対応は、同じでよい。いずれも震度7を想定して対策を立てるよりほか、我々には方法がない。地震対策はどうしたら震度7を乗り切れるかに集約されることを理解しておいてほしい。では巨大地震と超巨大地震の違いは何か。その最大の違いは被災地域の面積である。超巨大地震では広範囲で被災している。そのどの地域でも震度7に耐えることを目的にした対策が必要なのだ。東日本大震災と命名されたように、宮城県沖の地震が東北地方ばかりでなく関東地方でも死者が出たことがその1つの例である。

本書の読者は是非第5章で詳述する「抗震力」を身につけることを考え、実行して欲しい。

3・日本列島で群発地震の連鎖

2023年5月5日14時42分、石川県能登半島でM6・3の地震が発生、珠洲市で震度6弱、同日21時58分にはM5・8、同じく珠洲市で最大震度5強の地震が発生した。2020年12月から続く、活発化している能登半島付近の地震活動の1つと気象庁は報じた。M6・3の地震では梯子に乗って作業中の男性が落下して死亡し、裏山からの崖崩れで家が破壊され閉じ込められ、ようやく救助された女性がいるなどの被害が発生した。

5月11日04時16分、千葉県南部、房総半島南東端の太平洋側を震源とするM5・2、震源の深さ40㎞の地震が発生、東京湾側の木更津市で最大震度5強、その北隣の君津市で震度5弱を記録した。木更津市では「瓦屋根の瓦が落ちてきて危なかった」と報道陣に語る主婦の姿が繰り返しテレビで放映された。メディアは地震災害の1つとして屋根瓦の落下を取り上げたようだが、私は40歳前後に見えるその女性が、地震では「屋根瓦の落下が起こりうる」ことを東日本大震災で千葉県でも経験しているのに知らないことがショックだった。また室内で避難しようとして転倒してけが、階段を踏み外してけがなど、建物は何でもないのに、強い揺れであわてての行動でけがをした人がいるという報道も相変わらずあり、改めて第5章で述べる「抗震力」の役割を認識させられた。

この地震は本震－余震型の地震で群発地震ではなかったが、房総半島の東側の太平洋岸では1916年11月に群発地震も発生し、当時の東大教授だった大森房吉と助教授の今村明恒の論争があった（拙著『あしたの地震学』青土社、2020年、43頁参照）。

また5月11日はこれだけでは終わらなかった。11日12時11分、鹿児島県トカラ列島近海を震源とするM4・4の地震が発生、十島村で最大震度4を観測した。それ以前からぽつりぽつりと発生していたこの付近の地震では最大の地震が発生した。

同じく11日18時52分、北海道日高地方東部を震源とするM5・4、深さ約50㎞の地震が発生し、浦河町や幕別町で最大震度4、岩手県盛岡市で震度3を記録した。しかしこの地震も本震－余震型で、活動は数日で終息している。

５日の能登半島の地震は明らかに２０２０年から続く群発地震と考えられる。ただ気になるのはそれまでの最大地震はＭ５クラスだったのにＭ６・３とエネルギーとしてはおよそ30倍の大きな地震だったことである。２０２２年６月19日、Ｍ５・４、珠洲市で最大震度６弱を記録、今回と同じような被害が発生しており、修復したばかりの建物が再び被害を受けた。昨年はその翌日にもＭ５・０、最大震度５強、２０２１年９月16日にＭ５・１、最大震度５弱を記録している。群発地震の場合、発生する地震は最大でもＭ５クラスなのに、Ｍ６・３の地震の発生は何を意味するのだろうか。

これまでの群発地震の領域の外側で本震－余震型の地震が起きたとも考えられるが、Ｍ５クラスの地震は能登半島先端付近に集中しており、Ｍ６・３の地震もその中に含まれているようだ。ただ１９６５～６７年の松代地震の主震群は最大Ｍ５・４、１９６８年の宮崎県のえびの群発地震でも主震群を形成する地震はＭ６・１、Ｍ５・７、Ｍ５・７、Ｍ５・６、Ｍ５・４で、群発地震でＭ６・３の地震が発生したことは極めて珍しい。

21世紀に入って話題になることが多くなった研究として、沈み込むプレートから絞り出された水が火山噴火を起こす原因となるマグマの生成に関与している、あるいは岩盤の割れ目にしみ込み地震を起こすという議論がなされるようになった。能登半島のＭ６・３の地震についても水の存在を指摘する研究者がいるが、まだ完全な説明はなされていないので、その発生原因の究明には至っていない。

能登半島付近での群発地震が発生して以来、地震研究者の中にも松代群発地震を思い出す人がいた。松代群発地震と能登（群発）地震との最大の違いは、その観測環境で、観測網の質の問題がある。松代群発地震では東京大学地震研究所が臨時観測網を設置して、気象庁観測網では震源決定のできる割合が低くなるM3以下の微小地震も観測していた。有感地震だけでも6万回を超す地震の中で、ほとんどは小地震（Mは3から5未満）から微小地震（Mは1から3未満）で、臨時観測網が無かったら極めて少数の地震しか震源決定ができなかった。しかし、臨時観測の成果として小地震はもちろん微小地震活動の推移や震央分布、さらには地震発生地域の移動も観測されている（236頁、図12-A、237頁、12-B参照）。

能登（群発）地震では気象庁の観測網だけなので検知可能な地震の大きさはほとんどM3以上の地震である。したがって地震発生の日別頻度分布図を作成しても、M3クラスの地震が起こらないと図示されず、地震は起こっていないと判断される。地震の日別発生頻度分布をみる限り、「地震活動が活発である」とは認識されても、「地震が毎日起きている」あるいは「群発地震が発生している」とは言えないのである（239頁、図13参照）。1つの地震を観測する地震観測点の数も少ないので震源決定精度も悪く、震央分布図の精度も良くなく、群発地震の発生域が移動しているか否かの判別も困難になる。

したがってM6・3の地震がそれまで多発していた地震と同類なのか、新たに本震-余震型の地震が発生したのかの判断も難しい。「群発地震」という表現は使わないが気象庁は日常業務として十分な情報発信はしている。そこから先は大学の関係者の役割であると思われるが、彼らが関心を示さなかったため微小地震のデータがないと考えているが、非常に残念である。

5月11日以来トカラ列島の地震活動は活発化し、5月13日の19回を最大として5月25日までに50回以上の地震が起きている。地震の震源が極めて浅いらしくM3以下の微小地震も含まれ、ほとんどは最大震度1か2である。微小地震が数多く群発する典型的な火山帯地域の群発地震と推定できる。

能登（群発）地震、トカラ列島（群発）地震が活動中の5月22日16時42分、伊豆諸島の新島・神津島近海を震源とするM5・3の地震が発生した。最大震度は利島村で5弱、新島村は震度4、静岡県東伊豆町と牧之原市で震度3を観測した。震源の深さは11kmで津波は発生しなかった。同日19時46分にも利島村と新島村で最大震度4を記録したM5・1の地震が発生した。22日の地震は合計29回、23日は17回、24日は4回とM3前後の地震活動が継続していた（239頁、図13参照）。

首都圏に近いので緊急地震速報が出されていたが、東京、千葉、神奈川ではそれぞれ最大震度2程度で、大騒ぎするほどの地震ではなかった。トカラ列島（群発）地震同様に活火山が並ぶ伊豆諸島でときどき発生する群発地震と推定している。

しかし、1カ月間で北海道から九州までの数カ所で地震が発生し、能登では犠牲者も出たことから、次の大地震、あるいは巨大地震発生を話題にするメディアもあった。私はこの一連の地震活動は、偶然重なっただけで、大地震の前兆などではないと判断した。テレビで解説する地震研究者もほぼ同じような意見ではあったが、相変わらず大地震発生が近いような発言をする研究者がいるのが気になった。そのような関連は地震学では全く認められていないのが現状である。したがって、2023年5月の日本列島内数カ所で発生している群発地震と、次の巨大地震と予想される南海トラフ沿いの地震や関東地震とは無関係、前兆的な現象とは言えない。

第1章

地震への「無知」に警告する

1・被害の教訓は後世に伝えられているのか?

2011年3月11日に東日本大震災が発生すると、日本列島では明日にも再びM9クラスの超巨大地震が起こるかのような報道がメディアを通して全国に流された。メディアばかりでなく、国も自治体も同じような懸念を国民に流すようになった。研究者の一部もその意見に同調し、その同調がまた国民の不安をあおるという相乗作用で、日本列島を大地震発生という心配の渦に巻き込んだ。

国全体がこのような風潮になるのは、行政が過去の地震災害に対し正しく向き合ってこなかったからである。大地震が起こると対症療法的には対応しても、その経験が将来へと引き継がれていないことを、実感した出来事がある。

2007年に死者15名を出し、震源域内に原子力発電所があったことから注目された「新潟県中越沖地震」(M6・8)が発生した時、新潟県知事はその3年前に起きた「新潟県中越地震」(M6・8)の経験が生きて、震災への対応が順調にいったというような発言をしていた。新潟県中越地震ではマグニチュード(M)は同じながら中越沖地震の4倍以上にあたる68名の死者が出ている。当時の山古志村が孤立して話題を呼んだ。

私は知事のこの話を読んで、不思議に思った。新潟県では1964年に「新潟地震」（M7・5）が起こり大きな被害が出ている。この時は新潟県にとっては史上初めての大地震の襲来で、津波も発生し、死者こそ26名だったが、近代化していた市内は液状化で大きな被害が出ていた。ところが知事の話から20世紀後半に起きたこの地震の教訓が、21世紀になって発生した地震には生かされたようにはみえないのである。

行政は40年前のこの程度の出来事を完全に忘れていたらしい。

この話をしたらある地方公務員の人からは、「40年前のことなど役所は覚えていません。新潟の話はどこでも起こりうることです」と言われた。確かに行政機関は30年もすればほとんどの職員は入れ替わっている。だから40年前のことは伝わらないのだ。

もしそうだとすれば現在は東日本大震災で大騒ぎし、国も地方自治体もいろいろな対策を打ち出しているが、それがどれだけ後世に伝えられるのかが心配になる。大地震はそれほど頻繁には起こらないからだ。

ただし関東大震災の犠牲者の慰霊は現在も行われている。阪神・淡路大震災の追悼行事は28年が経過した2023年にも各地で実施された。ただ犠牲者への慰霊と震災対策は別かもしれない。

2・本当の「成熟した社会」と地震

「地震に成熟した社会」という概念は、在職した総合研究大学院大学の討議の中で形成された。

総合研究大学院大学は日本最初の大学院大学で、神奈川県葉山町に本部を置き、18の研究機関を基盤とする博士課程の大学である。理学系の物理・化学・生物学の分野から人文系の広い分野を含み、その学問領域は広範囲を占める。その特徴を生かしいろいろな分野の研究者が集まり、学際的な研究が推進されている。その1つとして「科学と社会」というテーマが取り上げられた。

日本では科学（者）と一般市民、そして科学的な成果を伝える科学ジャーナリズムのバランスが取れているとは言えない。科学者の知識、言動はすべて正しく、そこから発せられる情報に間違いはないというような風潮が支配し、それを批判する科学ジャーナリズムはほとんど見かけない。

そんな背景のもと、「科学と社会」のテーマに地震予知が取り上げられ、教授の1人だった私も議論に参加した。そして得られた成果が「地震に成熟した社会の構築」で、『地震予知と社会』（古今書院、２００３年）としてすでに世に出ている。

「成熟した社会」とは、次のように定義されている。

「社会の構成員の防災レベルにおいて、各個人が多様な価値観を認め合い、それぞれの意識において主体的な行動ができる。」

このような社会を目指す流れとして、地震をはじめいろいろな自然災害に関し危険情報の開示が重要になってくる。活断層の存在や震度予測、各種ハザードマップなどの開示も行われるようになってきている。一般市民にはそれらの情報をよく理解し、活用することが求められているが、そうすることが結局は自身の利益になることを理解しておくことが肝要である。私の提唱する「抗震力」はその第一歩である（第5章参照）。

東日本大震災以後、福島原発に関連して発せられるべき情報の一部が政府や東京電力によって非公開となり、結局は住民の不安や不信感を生み、社会が混乱した。一度植えつけられた不信感は簡単には払拭できるものではない。混乱が継続する悪循環に入ってしまった。福島の原発問題は「成熟した社会」を目指すため、１つの反面教師としたら理解しやすいだろう。

結局行政は今後も「地震に強い街づくり」を対症療法的に繰り返すであろう。それでもその積み重ねは全体として地震に強い街が形成されていく。一般市民はそれを背景に、科学者の発する情報に耳を傾けながらも、批判的な目を持ち、泰然と取捨選択していく。そして個人的には「抗震力」を一歩ずつでも身につけていくことにより、個人的にも社会全体としても地震に強い社会の構築がなされていくことが期待される。

その第一歩はそれぞれの大地震で発生している災害形態を知ることである。何が起こるかを知ることにより、対処方法が考えられ、生き延びられる。過去の地震災害を忘れないで、自分自身、家族、職場などで共有し続けることである。

3・楽観できない地震予知の現状

日本の地震予知研究は国家事業として1965年に始まった。地震予知研究計画の予知する地震として、太平洋側ではM8の巨大地震、内陸から日本海側にかけてはM7・5クラスの地震を、その発生の数日から1週間前ごろには「いつ、どこで、どのくらいの大きさ」の地震が起こるかを予測し、防災に役立てることを目的にしている。最初は10年から20年観測を継続すれば一応の成果が得られると考えられていた。

「いつ（数日から1週間前までに）、どこで（○○県の西部というように）、どのくらいの

1964年3月開催の日米地震予知シンポジウムで挨拶する和達清夫（その向かって左）坪井忠二、萩原尊禮。この3名が世話人となり日本の地震予知研究計画は出発した（和達の右後方は筆者）。

大きさ（M8とかM7・5など）」を地震予知の3要素と呼び、これを明示しなければ「地震予知」とは呼べない。この点を詳述するので記憶に留めておいて欲しい。

1970年代には、予知事業に直接関係していない研究者から提出された東海地震発生説を受け静岡県には超密な観測網が構築された。しかし、「明日起こっても不思議ではないが、20年後かもしれない」といわれた東海地震は、40年以上が経過した今日でも発生していない。

そして予知計画事業が始まって30年後の1995年に「兵庫県南部地震」（阪神・淡路大震災、M7・3）が発生した。メディアは一斉に「なぜ予知できなかったのか」と地震研究者たちを攻撃した。実際には地震予知計画ではこの地震の震源域の兵庫県南部は予知すべき地域として考慮はされていたが、研究対象地域ではないので十分な観測体制は構築されておらず、予知など初めからできる状況ではなかった。ただ地震研究者たちへの攻撃は、世の中の正義感を自認するような評論家たちが、実は地震予知の現状を十分には理解していなかった、「地震に成熟した社会」ではなかった1つの例である。

世の中の強い批判にさらされ、地震予知に関係して研究費を得ていた地震研究者はもちろん、その周辺の研究者も沈黙せざるを得なかった。それでも予知研究に携わっていた研究者たちは関連の観測を地道に継続していた。地震予知は手をこまねいていてできるものではない。地球の表面から内部にかけて起こるいろいろな現象を観測する、つまり「地球の息吹」を感じ続けて、ようやく地震の前兆現象が捕らえられると期待し、観測は継続されていた。予算は増えず新しい観測ができないばかりか、老朽化した観測機器の更新もできないという嘆きが私の耳にまで入ってくるようになった。

そんなときに発生したのが「東北地方太平洋沖地震」(東日本大震災、M9・0)である。生真面目な地震研究者の中には、超巨大地震なのに予知できなかったと自責の念に駆られた人も少なくなかったと聞く。しかし、実際には震源域は東北日本東岸はるか洋上でありほとんど観測網の外であった。現在の学問レベルでは予知できる領域ではなかった。

この超巨大地震が起きたからといって、予知観測の予算は増えていないようである。増えないどころか観測体制の現状維持がやっとで、地震発生で増えた予算は地震予知の基礎研究と称する統計学の分野に回っているようだ。統計学的な地震発生は予知ではなく「地震予測」であるが、この言葉の違いは、地震研究者たちにはあまり意識されないようだ。

地震は地下の岩盤の破壊現象であるから、地球の息吹をよく観測して、その前兆を捕らえねばならない。ところが、現状は話が逆で、いくら金をつぎ込んでも予知ができないからとの理由で、「地球の息吹をキャッチする（つまり観測する）」ための予算を充実させる発想は関係者にはないらしい。このような現場軽視の風潮は地震学だけではないらしい。

地球を相手にする学問は、そのいろいろな振る舞いを、器械を使って検知する。その得られたデータを解析することにより、地球の諸性質が解明されてきた。しかし、地球という物体は1年、2年どころか5年、10年観測したところでその厚いベールがはがされるわけではない。周期の長い変動現象だと20年、30年、あるいはそれ以上の年月の観測が必要である。

しかし現在の文部科学省をはじめとする世の中の風潮は、何かを始めたら3年、5年の短い期間で成果をあげなければ評価をしてくれない。だから観測所にこもって地球の発する情報をじっくりと観測し、地球の振る舞いを、あるいはその現象を解明しようとする研究者が少なくなってしまった。民間企業や必ずしも専門家でない人に委託して観測したデータで、コンピュータを使って適当な処理をして、現象が解明された、新しい知見を得たという研究ばかりが評価される時代になっている。この風潮ではじっくりと地球の息吹を捕らえるなどということはなかなかできそうにもない。

そんな時代背景のもと、ではこれから起こるであろう地震を予知できるのか。

一般には震源地の近傍がたまたま観測網の中にあって、前兆現象が捕らえられたというような幸運がない限り、予知はできないであろう。しかし、東海地震だけは事前に警報が出されることが法律で決まっている。実際、地震の震源地になると予想されている静岡県下には、他の地域とは比較にならない超密な観測網が構築されている。なんとかその観測網の中で前兆現象が起きれば予知も可能であろう。

私の指導教官であった萩原尊禮《はぎわらたかひろ》先生は日本の地震予知研究計画を推進した指導者の１人である（41頁写真参照）。私は東京大学地震研究所時代には地震予知を実現させる先兵として観測に駆け回った（拙著『地震と火山の観測史』丸善、２０２２年）。国立極地研究所に移ってからは地震予知の応援団として関係者の頑張りに期待してきた。しかし、そんな私でも地震予知の責任を担っている気象庁が、これから起こる地震をどれだけ予知できるかと考えた時、明るい見通しは持てない。もし東海地震が起きた時、完全でなくても事前に情報が発せられれば救いがあるが、そうでなければ地震予知の将来は極めて暗いと考えてしまう。

では一般市民はどうすべきか。

予知されてもされていなくても被害を伴う巨大地震は必ず起こる。そして予知されていればその地震による経済的損失が10％程度は軽減できるとの試算がある。経済的には予知ができてもできなくても大差ないのである。「明日巨大地震が起きる」と言われても。それから自分の家の耐震構造を見直す時間的余裕はほとんどない。ただし予知の効果は人命損傷の軽減である。大地震発生前にその情報が出ていれば、多くの人々が注意し、亡くなる人の数は激減しよう。これこそが地震予知の真の目的と言えるだろう。

しかし、私の地震予知への不安な予感は的中した。次節で詳述するが、地震予知は実際にはほとんど不可能なことが分かって来たのだ。

4・大震法の方向転換

1965年にスタートした日本の地震予知研究計画の第3期目の1978年に「大規模地震対策特別措置法（大震法）」が制定された。そして2017年8月26日、日本のメディアは実際に東海地震を予知することは難しいから、事前に発せられるはずの「警戒宣言」は不可能である。警戒宣言の発生を受けて地震に備えるというシナリオは無くなり、「大地震は突然襲ってくるからそのつもりで対応するようにと」と一斉に報じた。大震法は制定されて以来、一度も警戒宣言を発することなくその役割を終えた。その間には阪神・淡路大震災、東日本大震災が発生し、およそ2万9000人が犠牲になっていた。

そのような法律がどうして制定されたのだろうか。私は当時の地震予知研究計画には勢いがあったと考えている。1975年、中国で「海城地震」（M7・2、死者1328名）の予知に成功したというニュースは日本でも大々的に報道された。「1つの考え方」とされていた東海地震発生説がいつの間にやら地震予知の最前線に鎮座し、これだけのネットワークを構築しているのだから前兆現象はキャッチできるだろうと考えていた人は少なからずいた。しかし、目指した東海地震（南海トラフ沿いの地震）は起こらず、超巨大地震の東北地方太平洋沖地震が発生してしまった。

研究者の中には地震予知の困難さを指摘する意見もあったが、少数意見で地震学会の大勢は地震予知は可能だろうと考え、大震法が成立した。当時の地震学者にとっては第2次世界大戦後の20年来の夢の実現であった。後日私は萩原から「地震予知を甘く見ていた」

という反省の弁を聞いた。

超巨大地震が予知できなかった現実に、当事者たちは危機感を抱いたようだ。彼らの多くは地震予知研究計画が始まったころから地震学の勉強を始めた人がほとんどである。地震研究に職を得た人の多くが、地震予知研究計画のポストを占めていた。

2012年、イタリアのローマの東北東100㎞のラクイラ付近で群発地震が発生していて、大地震は起こらないと地震学者が言っていたのに、M6・3の地震が起こり305人が犠牲になった。犠牲者の遺族が起こした訴訟で地震学者が有罪になったニュースが流れ、日本でも地震予知に対する危機感が芽生えたようだ。

その頃になると、地震予知研究計画を発足させた地震学の先輩たちも鬼籍に入っていた。

そんな状況が重なり、ついに大震法は方向転換したのである。

5・地震予知のウィークポイント

地震現象は破壊現象で一種の確率現象だから予測は困難という考えは大正関東地震前

後から気が付かれていた。その1人が文人科学者寺田寅彦である。地震予知計画を推進した1人坪井忠二は寺田の高弟で、確率論は十分に理解していたと推定される。また萩原も地震研究所に入所してからの5年間ぐらい、寺田の話は何回も聞いていた。たびたび「寺田先生が……」とその思い出話を聞いた。しかし2人とも、それでもその不確実な幅を限りなく狭めることは可能だろうと考えていたようだ（拙著『あしたの地震学』青土社、2020）。

私も同じように考えていたが、2つの問題に気が付いていた。

その第1は「地震が発生する場の情報が全く得られない」ので、「地震が起こるような歪の蓄積の有無も分からない」ことである。毎日の天気予報は天気図を読んで、近い将来の気象条件を推測し、将来の天気を予測する。気象学には未来予測の方程式ができている。その方程式に沿って未来の天気図が描け、天気予報が可能になる。

ところが地震学では気象学の天気図に相当するような情報が一切ない。わずかに過去に発生した地震の分布だけである。近年は地表に設置した測地基準点（地形図を作る基準点）の移動から地表面の動きはある程度予測できるようになり、それを地球内部の歪予測に利用する試みはなされているが、地表面付近はともかく地震の発生する地下10㎞、20㎞の深さの歪の蓄積状況を知ることはほとんど不可能である。このように現状では「地震発生の場の状況」を知ることが不可能なので、地震予知は困難だろうというのが第1の理由である。

第2の理由は人間と地球のタイムスケールの違いである。人間の寿命は100年、地球の誕生から現在までが46億年とされているので、寿命を100億年と仮定する。すると人間の寿命感覚の1秒は、地球のタイムスケールでは1億秒になる。1億秒は約3年2カ月である。たとえば「今夜8時00分に地震が起きる」と予測して30年後に起きたとする。人間にとっては30年であるが地球にとってはたった10秒程度の感覚である。50年、100年の時間も、地球の感覚では数十秒で誤差のうちになるが、人間にとっては人生の半分、あるいはすべてに相当してしまう。

仮に大地震の前兆現象が観測されたとして、それから100年後に大地震が発生しても、地球のタイムスケールでは30秒程度で十分に前兆現象と判断できるが、人間のタイムスケールの100年は実際には役立たない情報である。

したがって地震予知の3要素のうち、「いつ起こる」のか発生時刻を決めることはほとんど不可能で、地震予知不可能論になる。

そこで、登場するのが過去の地震の起こり方から未来を予測する統計的な手法である。第3章で述べる次の関東地震も過去の起こり方からの「予測」であって「予知」ではないことに注意して欲しい。

6・研究者の信用できない情報が多すぎる

冒頭2節で述べたように日本では、科学ジャーナリズムがほとんど批判することなく研究者の発表をそのまま世の中に垂れ流している。

１９７０年代の東海地震発生説はその後多くの研究者を巻き込み、ついに「大規模地震対策特別措置法」という法律まで施行させた。現在の地震学の知識（当時とあまり変わらないが）ではとても考えられない法律である。しかし１９７０年代はまだ地震予知研究計画事業に力があった。その勢いで法律までできてしまったのだろう。しかし地震発生説の提唱以来ほぼ半世紀が経過しても東海地震は発生していない。人間のタイムスケールでは「役に立たない人騒がせな情報提供」でしかなかった。

21世紀に入って「大地震は切迫している」という研究者が何人かいた。その大地震切迫説を発する研究者は、南海地震や東海地震（現在では南海トラフ沿いの地震）が頭にあったはずであるが、人によってはそれを明言しない人もいた。ただ「大地震は切迫しているから注意しろ、備えろ」と言うのである。私はあるとき、「切迫というとどんなに長くても日本語のニュアンスからは10年であろう。結局あなた方の言っていることはオオカミ少年と同じではないか」と公の場で質問したことがある。切迫説を唱えている人の1人は、一般民衆は大げさに言わないと聞き流して、対策を立てないから「切迫」という表現は必要だと答えていた。切迫しているはずの地震は起こらず、東日本大震災が起きてしまった。切迫説を主張していた人たちは、直ちにこの大震災を「想定外の地震」と呼んだ。彼らの持論からすれば西日本ではまだ大地震が切迫しているはずであるが、ぴたりと言わなくなった。その変わり身の早さに驚いた。

1970年代から富士山噴火や伊豆の火山活動と東海地震や南海地震の発生とを結び付けて発表する人がいる。伊豆大島や三宅島が噴火すると大地震が近い、房総半島沖で地震が発生すると火山が爆発するというのである。そしてその火山噴火で強調されるのが富士山の噴火である。事あるごとに富士山の噴火が近いと唱え続けているが、現在でも富士山には噴火の兆候は全くみられない。しかし彼は40年以上も同じことを言い続け、一部メディアも無批判にそれを流し続けている。

2013年2月から3月頃、神奈川県箱根で群発地震が発生した。箱根ではときどきこの種の群発地震が発生している。私はこの地震群を饅頭の薄皮部分の現象で、中の「あんこ」は関係ないと表現している。あんことはマグマである。もし地下深部に潜在しているであろうマグマが関係しているとすれば、地震は地下10㎞、20㎞の深い領域でも多発するはずである。ところが群発している地震は深くても4〜5㎞で、その下限ははっきりしている。

たまたま地表近くのごく浅いところに起こった1つの地震で、ロープウエー会社が大涌谷のロープウエー駅付近に設置してある震度計が震度5の揺れを記録した。大涌谷付近で起こった極めて浅い地震で、神奈川県温泉地学研究所の観測網の地震計はほとんど揺れを記録していなかった。しかし震度5なのでロープウエー会社はマニュアルに従って運転を停止した。喜んだのはメディアで箱根が噴火するかもしれないと報じた。

メディアに登場した地震学者は火山の知識はそれほどあるとは思えない人なのに、箱根と富士山は地下のマグマがつながっているからと、富士山の噴火の可能性まで示唆する解説をしていた。現在の現象からは、科学的には何の根拠もない、メディアを喜ばせるための解説だった。

東日本大震災以後に気が付いたことであるが、最近は地震研究者の発表の仕方が変わって来たのではないか、という事実がある。

これまでは研究者の研究成果の発表は、春と秋、年2回開かれる各学会の大会前後であった。大会で発表するため各講演者は講演要旨を作る。その講演要旨を読んである研究に興味を持った記者が、その研究者に取材して、時には他の研究者の意見も聞いて、その成果をメディアで紹介する。その研究は大会でも発表されるから、一応他の研究者の目にも入る。

ところが最近は、研究で結果が出るとすぐメディアに発表する研究者がいるのに気が付いた。本人からの情報提供か、記者が定期的に情報の得やすそうな研究者に接触して情報を得ているのかは分からないが、少なくともそのような傾向のある研究者が何人かいる。このような場合その内容の良し悪しは、まったく研究者の一方的な説明だけで、記者はその価値を判断することになる。その価値を判断するとか、他の人の意見を聞くこともせず、研究者の言い分をそのまま報じているのがほとんどではないかと危惧している。学会前後の発表とは異なり、他の研究者の目にも触れていない内容である。科学ジャーナリズムの貧弱さである。

そんな状況に危惧を抱いていたところ、文字通り不祥事が発生した。2013年3月、東京の立川断層を調べていた地質学者が、地下の人工物を自然の地層と思い、活断層と判断していたと、その誤りを認めて謝罪会見をしていた。私はそのニュースを見て「ついにやったか」という思いを禁じえなかった。

かねてからその研究者は、メディア受けする研究成果の発表をしていたからである。東京の下町で地下探査をしていて活断層を発見した、M7クラスの地震が発生する可能性がある、などとすぐ発表している。地下に、潜在する断層を発見して、それが活断層とどうして判断できるのか、活断層だから即M7クラスの地震発生の可能性と言及できるのか、そうした説明はない。調査を終えた後、十分な解析も検討もしないうちに、ましてやほかの研究者との討論もせず、メディアの受けだけを狙ったとしか思えない拙速な発表である。ただメディアだけは喜んでそれを報じていた。

立川断層調査後も同様で、一度研究室に戻り調査結果を検討してからその結果を公表すべきなのに、すぐ発表してしまう。メディアは「特ダネ」と喜ぶかもしれないが、結局は自分が恥じをかく結果となった。

とにかく自己顕示欲の強い研究者にとって、メディアの注目はありがたいことなのだ。たいした研究成果でなくても、メディアに話せばテレビに出演し、新聞は報じてくれる。政府役人の目にも留まり、覚えがめでたくなるかもしれない。自分の名誉欲や自己顕示欲も満足させられる。そんな両者の利害が一致して、現在のようにたいした研究成果でもないのに、仲間との討論もほとんどせずにメディアに公表し、一般市民を混乱させ、結局は専門家の信用まで失う遠因になっている。

研究者による地震発生説は第2次世界大戦直後からあった。その詳細は萩原尊禮の著書に詳しい(『地震予知と災害』丸善、1997年)が、以来今日まで研究者が発した数々の地震発生説で、その通りに地震が起きた例はない。なかには自分はこれこれの地震を予知したと主張する人もいるが、そのような例でも本人が言うだけで、客観的には予知したとは言えない。

要するに研究者が地震発生説を唱えるのは、ほとんどの大地震が同じ場所で繰り返し起こるからで、「いずれ」、「やがて」、「そのうちに」必ず起こる可能性が高いからである。しかし、その発生する時期には50年、100年の幅がある。その時間は地球のタイムスケールでは一瞬でも、研究者の自己顕示欲を満足させる予測通りには地震は起こらない。

なお地震発生情報は研究者ばかりでなく、町の科学者や占星術師などの占い師まいろいろな人が発している。その詳細は拙著『地震学者の個人的地震対策』(三五館、1999)に解説してある。同書にも詳述してあるが、現在の日本では地震発生に関する情報は気象庁の発表だけを信ずるのが良い。

7・まだ出る不確実な情報

前節の情報は東日本大震災ごろまでの情報である。1000年に一度の超巨大地震の発生で、多くの地震学者たちが自分の学問に自問自答を続けたと理解している。私自身は現役を退いて数年で所属していた内外の学会すべてを退会していた。定年後も研究を続け論文を書いている人を見ると、立派だとは思うが私にはまねができない。とにかく研究とは新事実の発見という楽しい果実が得られる反面、それを論文にして世の中に発表するという仕事がある。その煩わしさ、大変さを考えると、退官後まで研究で苦労しようという気にはなれなかった。ただ、自分にできる世の中への貢献は関係した分野の世の中への啓発活動だろうと、執筆活動だけは続けている。

そんな状況なので、どうしても現代の情報量は少なくなる。いわゆる古い人間になりつつあることは自覚している。そこに追い打ちをかけたのがコロナ禍である。外出がままならないので、口コミの情報もほとんど入ってこない。結局は送られてくる出版物や資料に目を通して、限られた情報しか得られていない。そんな状況下で２０２２年度にはびっくりする情報が３件得られた。いずれも首をかしげたくなる情報だが、前節の現代版として紹介しておく。

その第１は「日本地震予知学会」と称する組織の存在である。学会を名乗る以上は日本学術会議にも登録済みの組織だと考えられるが、その会則も分からない。大震法の方向転換によって、マスコミ的な表現を使えば「地震予知は不可能」となる。不可能とは言わないまでも、すでに述べたように研究者間での地震予知の条件は「３要素」が明示されなければ意味がない。その中でも「いつ起きるか」と時間を予測するのは現状では極めて困難なこともすでに述べたとおりである。

一般市民を相手にする場合には特に時間に関しては丁寧な説明が必要だが、どうしているのだろうか。不可能な「地震予知」を堂々と名乗る以上は、私のような疑問にも答えられるはずだろうが、時間の問題だけはどう考えても無理なような気がしてならない。世の中を混乱させなければよいがと願っている。

第2は「地下天気図」という言葉の存在である。私自身は先に地震予知の不可能さを説明する中で「天気図」を例に示した。まず天気現象は地上の現象であって地下の現象ではない。天気現象は時々刻々と変化する現象であるから、未来予測のためには次々に新しい天気図が必要になる。天気図に関してのそんな当たり前の知識で読むと、まず「地下」という言葉に惑わされる。地下に天気現象は存在しない。地下のほとんどの現象はその変化は1日や2日で変化するものではない。

この2つの事実からも「地下天気図」の意味が理解できない。提唱者は多分、地球内部の地震を起こす「歪の分布図」あたりを念頭に置いて「地下天気図」としたのだろう。地下の歪の分布図などは月に一枚ずつ作れたとしてもほとんど変化のない図になって、地震発生の予測が可能な情報が得られるのか疑問に思う。大衆に分かりやすくするために使った言葉かもしれないが、事実とかけ離れたネーミングであり、これで地震の予知はもちろん予測すらできないだろうと危惧する。

第3は1つの地震対策として自宅の耐震化を推奨している記事があった。その理由として阪神・淡路大震災では多くの人が、家の中で潰れた家の下敷きになって圧死した。地震発生から亡くなるまでほんの十数分の時間しか要していない。自宅が耐震化していたらこんなに多くの人が犠牲にならずに済んだのだ。だから自宅の耐震化はすぐやって地震に備えなさいという論法であった。

私も各家屋の耐震化はできればやっておくことに異論はない。ただ私は抗震力で説明してあるが、「多少は壊れても潰れない家」を推奨している。家が潰れなければ、家具が倒れてこなければ、家の中で命を落とす危険も少ないはずである。

助言に従って首都圏に住む人が木造住宅の自宅を耐震化したとしても、首都圏で被害を伴うような地震活動が活発になるのは、第3章で詳述するが21世紀の後半からである。せっかく耐震化した住宅も築後50年、60年となり、地震に対する強度は著しく低くなっている。耐震化した人が存命していたら、あの時の耐震化の費用は役立たなかった、費用対効果はゼロだったことになる。耐震化を保険と考えても、割の合わない投資であろう。

その原因はどこにあるのかを整理するが、答えは簡単である。「地震が起こると危険だから自宅を耐震化する」は、当然人間のタイムスケールで考えている。ところが地震発生は地球上の現象、地球のタイムスケールの現象である。この違いを説明することなく、あたかも人間のタイムスケールで、「その人が存命中」あるいは「近い将来」というような言葉を使って、地震が起こるかの錯覚を与えて大金を使わせたことになる。

このトリックは多くの専門家がほとんど無意識に使うので、その実情を理解しておく必要がある。地震の話をするときはあくまでも自分のタイムスケール、人間のタイムスケールに置き換えて考え、納得の上でいろいろなことに対処するよう心がけて欲しい。また専門家なら専門家らしく、その人間と地球の寿命の違い、タイムスケールの違いを理解させる、あるいは理解できるような説明をすべきだ。このような誤解が生ずるのも「地震に成熟した社会」ではないからである。

8・大地震との遭遇は、一生の中で「珍しい出来事」

汎地球的に見ると環太平洋地震帯に属する日本列島は全体が地震多発地帯である。しかし、詳細に見ると地震のあまり起こらない地域もある。北海道内陸地域の地震活動は極めて低い。島根県では1872年に「浜田地震」（M7・1）が起きてから、次の被害を伴う地震は2018年まで140年以上もM7クラスはもちろん、M6クラスの地震も起きていなかった。2018年4月9日に島根県西部の大田市で最大震度5強を記録する地震（M

6・1）が発生し若干の被害が出た。浜田地震の前の地震としては880年に出雲地方を襲ったM7・0の地震がある。ほぼ1000年間、記録に残るような大きな地震は起きていない。

1995年に兵庫県南部地震が起きた時には「関西は地震が無いと言われていたのに起きた」と話題になった。関西に地震が起こらないわけではないが、大阪周辺で被害をもたらすような大地震は1596年の地震（M7½）以来400年間発生していなかった。その間に関西では地震が起こらないという話が定着したのであろう。ちなみにこの1596年の地震は京都の伏見城で豊臣秀吉も遭遇したと言われている。

大正関東地震（関東大震災、M7・9）の震源地である神奈川県では、後述するように2013年9月で発生から90年になるが、その間に一度も震度6強・弱の地震は起きていない。2011年3月11日には県下全体で震度5強・弱の揺れを記録しているが、その前の震度5（当時は強・弱の区別なし）は1930年の「北伊豆地震」（M7・3）である。2011年は80年ぶりに震度5を記録したことになる。

このように地震列島とも呼ばれる日本列島であるが、大地震による震度5や震度6に遭遇する割合は極めて少ない。特に被害が発生する震度6や7の揺れは極めて珍しいのである。

世界の地震帯に属する日本列島でも、「特別な地域や時期を除くと大地震に遭遇する割合は一生に一度あるかないかの珍しい出来事である」というのが、私の持論である。

その例外的な特別な地域とは、例えばプレート境界のフォッサマグナに位置する新潟県の中越・下越地方がその場所である。この地域は昭和時代までは長岡地震帯と呼ばれていたこともある。2004年の新潟県中越地震、2007年の新潟県中越沖地震、そして2011年3月12日には隣接する長野県栄村でM6・7の地震が発生し、ともに最大震度6から7を記録している。

また例外的な時期は2011年3月11日以降の東北地方から茨城県の太平洋岸で、M7クラスの余震がしばしば発生し、時には震度6強・弱も記録している。この傾向は少なくとも今後10年ぐらいは続くであろう。

政府やメディア、一部の研究者は明日にでも超巨大地震や首都圏直下地震が起こるかのように喧伝するが、本当のところは「大地震との遭遇は珍しい出来事」なのである。一生のうち何回も大地震に遭遇する可能性があるなら、それ相応の対策が必要である。しかし、列島全体としては大地震に遭遇しないで一生を終える人も少なくないのである。きちんとした調査をしていないので明言は避けるが、むしろ一生涯大地震に遭遇しない人の割合の方が多そうである。

大地震に遭遇しないで人生を終えられる可能性が大きいなら、地震対策も考え直す必要があるとする人は多いだろう。完璧を期した地震対策より、ポイントだけを抑えた地震対策で十分ではないか、そこで私が提唱したのが「抗震力」である。

しかし、大地震が発生すると不安をあおり対応を進めようとする傾向が、政府、自治体、メディアにはある。私はその風潮を揶揄を含めて「M9シンドローム（症候群）」と呼んだ（第4章で詳述）。

「M9シンドローム」に罹患した政府は西日本の南海トラフ沿いにM9・1の地震を想定し、被害予測を行った。その結果この地震による死者は32万人に達すると試算された。また神奈川県は相模湾内に襲来する津波の最大波高をそれまでの大正関東地震の6mから、「鎌倉大仏の大仏殿が流された」という明応の東海地震程度の津波を想定し、最大波高14・47mの可能性を発表した。しかし、大仏殿は津波により流失はしておらず、史実にないことにもとづいて、県民に不安を与えたことになる。

急がず休まず一歩一歩、「抗震力」を身につけていくのが、多くの人に適した地震対策と言えよう。

9・「抗震力」は個人でできる地震対策

多くの大地震や巨大地震は同じ領域で繰り返し起こっている。地震は必ず起こるのだからその対策は必要となる。

しかし、その地震がいつ起こるかはまったく分からない。一生遭遇しないこともありうるのだ。

すでに述べたように現在の地震学では地震の発生を事前に予知することは極めて難しいのが実情である。大地震発生前に何か前兆的な現象があるだろうから、それをキャッチできれば予知は可能だろうと、多くの関係者が半世紀以上も努力してきても、それらしき現象は見つかっていない。自然現象である地震はいつ起こるか分からないのと同時に、決して避けることもできない。自分自身の生存中であるか否かは別にして、それぞれの場所でいつかは必ず起こるのである。地震を避けることはできないが、人間の努力で地震によって発生する災害は軽減できる。そこに地震対策の意義がある。

日本列島に私たちの祖先となった人類が住み始めたのは数万年前あたりからであろう。そして日本列島が現在の形に定着し、縄文時代、弥生時代と人口は増えていき、歴史時代に入り今日に至ったが、その道は決して平坦ではなかったはずだ。わずかこの2千年ぐらいの間にも日本列島では何回も大地震や火山噴火、台風などの自然災害に襲われ、天変地異にも直面してきた。私たちの祖先はその苦難を乗り越えて今日の繁栄をもたらしたのである。

その困難さの中で培われたのが、自然を敬う精神だった。自然を神とあがめ、常に尊敬し、その中で生きようとする精神は、自然の猛威に対する日本人の大きな美点であり特徴と言えよう。この点が自然は征服の対象とした西欧文明と大きく異なる点である。

たまたま見た東日本大震災の被害を報じるテレビで、津波に被災した岩手県の漁師の方が「津波で家も、船も、網もすべて失った。津波は自然現象だから仕方がない。命があるのだからまたやり直します」と語った言葉は、私には強烈な印象を与えた。残ったのは命だけという被害を受けながらも、自然現象だからと平然と受け入れているその姿に感動した。これこそが自然を神、太陽を神とあがめる日本人の心の原点だと感じた。

日本では1880年に科学としての地震研究が始まった。それから140余年の年月が経過し地震現象のいろいろな振る舞いは分かってきたので、それにもとづいて将来発生するであろう大地震もある程度は予測できるようになった。それは長期、または超長期地震予知と呼ばれるものである。しかし、自然現象である地震は、突然それまで予測されなかった振る舞いをする。しばらく大地震は起きないだろうと考えられていたのに突然起こることもある。自然現象は「気まぐれ」である。研究者も一般市民もその点は充分に理解して、次の地震に対し新しい挑戦を続けることになる。

本書の読者もその点は頭に入れて読んで欲しい。

大地震、巨大地震の発生をありのまま受け入れるにしても、軽減できるなら震災はできるだけ少ないことが望ましい。そこで、地震対策が必要となる。

10・地震対策は行政と個人の責任分担を明確に区別できる

「地震に強い街づくり」のためのハード部分は明らかに行政の仕事である。公共施設の耐震化、安全な道路の建設、崖崩れ・山崩れの防止、さらに被災した場合の諸対応などその範囲は広い。しかもそれは1回やったからそれで済むというものではない。一度整備しても、年月が経過すれば老朽化し、地震が起きていなくても再び同じような整備をしなければならない。「M9シンドローム」のワクチンが切れた後の行政にこの整備がどこまで期待できるかは疑問であるが、住民の力で少しずつでも「地震に強い」度合いを高めていく努力が必要である。

個人の役割としては「抗震力」をつけておくことである。抗震力が身についていれば、不幸にして大地震に遭遇しても命だけは助かるであろう。そうすればその1人ひとりが震災からの復興のマンパワーになっていく。余裕をもって大地震に対処できるよう「抗震力」を提唱する。

日常生活の中で、私たちは交通ルールを身につけている。交通事故にあわないためにどうするか、物心がつくと同時に教育され始めている。抗震力を身につけるのは交通ルールを学ぶのと同じ感覚でよいだろう。地震に遭遇した時、「生き延びる術《ちえ》」である。交通ルールと同じように日常の「くり返し」によって身についてくる。

第2章
次の首都圏地震を探る①
鎌倉大仏は知っていた

1・「想定外」に懲りた行政の大雑把さ

神奈川県は相模湾内に発生する津波として、１９２３年の関東大震災の６ｍを想定し、被害を予測していた。

ところが「Ｍ９シンドローム」に罹患してしまった結果、前章で述べたように襲来する最大津波の予測を、１４９８（明応７）年の東海地震によって鎌倉大仏の大仏殿が破壊・流失したとされる言い伝えにもとづき、それと同じ程度の津波の襲来を予測しようとした。その結果最大波高が14・47ｍの津波が発生する地震モデルが２０１２年3月に提唱された。そして神奈川県はこのモデルに従って県内の津波被害予測を策定している。

ところがここで1つの大きな問題が生ずる。現在、大仏を本尊とする高徳院の境内には確かに『大仏殿は明応七年の津波によって流失した』との説明版がある。しかし、その拝観券には『尊像を収めていた仏殿は一三三四（建武元）年と一三六九（応安二）年に大風で損壊したらしい。一四世紀以後、同仏殿が再建された形跡は認められない』とある。つまり明応年間には大仏殿はすでに存在していなかったことを明示している。とすると、神奈川県は史実にない事柄を信じ、巨大津波を予測したことになる。

現在の大仏付近の標高は13m（江の島の隆起から考えて、関東地震ごとに1mぐらいずつ隆起をしていたとすると、1498年当時は11m）、さらに2mほどの階段を上った平坦地の上に台座がある。大仏は標高16m以上（当時は14m程度の可能性はある）の高さに鎮座している。周辺にある旧大仏殿の礎石も標高15m以上（当時は13m程度の可能性はある）の高さがある。したがって大仏殿が実在していたとしても、たかだか15m程度の津波（最大でも床から1m程度）では、とても破壊され流されたとは考えにくい。

このように神奈川県の津波予測は4桁の数字を並べて、なんとなく学問的な意見を附加したもっともらしい数値を出したが、ただ津波の最大波高を大きくしただけで、あまり意味のないものになっている。


さらに神奈川県平塚市は平塚海岸に襲来する津波の最大波高を、震源の中心が相模湾内にある大正関東地震型では6mと、震源の中心が伊豆大島から南側の太平洋にある元禄関東地震型では10mとして、市内への浸水予測図を作成した。

大正関東地震ではたしかに平塚海岸には3〜5mの津波が押し寄せたらしいが、津波の被害はほとんど記録に残っていない。平塚海岸ばかりでなく茅ケ崎、藤沢の海岸では海浜は狭く、すぐ標高8m程度の浜堤に国道134号線が建設されており、津波の被害はほとんどない。ただし、江の島への橋は被害を受けている。海浜が発達し内陸まで平坦な鎌倉には5～6ｍの津波が襲来し、死者も出た。

明応の東海地震をはじめ、何回か起こった東南海地震や南海地震でも津波が湘南海岸に襲来して被害をもたらした記録はない。伊豆大島や伊豆半島が防潮堤の役目を果たしていることも、その1つの理由である。

それなのに10ｍという大津波を予測したのは、神奈川県の最大波高の変更に呼応した結果である。

東日本大震災で「想定外」という言葉があちこちで連発されたのに懲りたのか、上述したような不確実な資料にもとづいた「最悪のシナリオ」で、ただ恐怖だけをあおるような行政の態度は、住民にとってプラスにはならない。そこで本書では大仏殿の真相から考える。

2・1486年の鎌倉大仏殿の記事

1400年代の終わりごろ、15世紀の末に鎌倉大仏が露座だったことは萬里集九の『梅花無尽蔵』にはっきりと記載されている。

萬里集九《ばんりしゅうく》は室町時代中期の人で、生まれは1428（正長元）年とされるが、没年ははっきりしていない。臨済宗一山派の僧、つまり禅僧であったが応仁の乱の後に還俗し、妻帯して2子をもうけた。漆桶萬里と称し、乱を逃れて美濃の鵜沼に退き、庵を結んだ。その庵を梅花無尽蔵《ばいかむじんぞう》と号した。生活の糧は美濃守護代の斎藤氏一族に詩を講じ、援助を得ていた。

1485（文明17）年9月、萬里集九は太田道灌《おおたどうかん》に招かれ江戸に赴いた。「山吹伝説」で知られる太田道灌は歌道にも励み、萬里集九との交流を重ねており、江戸に招聘したのだろう。道灌は武蔵守護代の扇谷上杉定正の重臣で、築城に長じ、よく知られている江戸城ばかりでなく、埼玉県下の岩槻城や河越城も手掛けた。道灌の活躍は周辺からは妬まれ、「謀反の疑いあり」と主君に注進されたりした。主君との関係も悪くなり、1486年7月26日、定正の自邸に招かれた折、家臣により斬殺された。その場所は現在の神奈川県伊勢原市日向の糟屋館（上杉館とも呼ばれ、市指定の重要文化財）とされている。

そんな背景があるので、萬里集九は道灌に従い相模にも滞在したことがあったろう。道灌が暗殺されてしまった後も萬里集九は抑留された。そして1487年8月ようやく江戸を発ち、北陸路を経て1489年5月に美濃に戻った。なお太田道灌が江戸城を築いたのは1457年のことである。

萬里集九の江戸行きの様子は詩文集『梅花無尽蔵』に詳述されている。書名は萬里集九が影響を受けていた中国・南宋の陸游の詩『要職梅花無尽蔵』を出典としている。そして庵にも同じ名前を付けているので、その心酔の度が伺える。

『梅花無尽蔵』の最後の年期は1502（文亀2）年3月である。著者自らが整理分類してそれぞれの部類ごとに年代順に記している（国文学研究資料館での閲覧可能）。

そして1486（文明18）年の項に鎌倉大仏参拝の記事がある。

文明龍集丙午。十有八年小春廿三日乙未。（中略）
逢銅大仏々長七八丈。
腸中空洞。應容数百人。（中略）命云。
此中往々博奕者白昼呼五白之處也。
無堂宇。而露座突兀。

文明18年10月23日（陰暦）に大仏を訪れた。高さ7〜8丈、中は空洞で数百人が入れそう。この中で昼間から博奕をやる人がいる。大仏を覆う堂は無く露座である。

つまり萬里集九が参拝した１４８６年には大仏を覆う堂舎は無く、露座だったことが明記されている。

3・どうして鎌倉大仏は露座なのか？

情熱の歌人与謝野晶子をして「美男におわす」と歌わせた鎌倉大仏の建立過程は未解明の部分が多いようだ。鎌倉大仏殿高徳院第15世住職佐藤孝雄師は『「鎌倉大仏縁起」の翻刻に寄せて』の中で次のように記している。

『「鎌倉大仏」「長谷大仏」と呼ばれ、今日多くの人々に親しまれている高徳院の本尊、国宝阿弥陀如来坐像。国内外に数多ある像のなかひときわ著名なこの鋳造仏の来歴は

関東地震とは何かと関係がある鎌倉大仏

いまだに多くの謎に包まれています』

鎌倉大仏が登場する最古の古文書は、鎌倉幕府の歴史を記した『吾妻鏡』である。

1238（暦仁元）年3月28日に、相模の国深沢の里に僧浄光が大仏を建立するため全国を勧進して浄財を集め、堂舎の建設を企画し、この日がその事始めと記している。

さらに同年5月18日には『相模の国深沢の里の大仏の御頭を挙げ奉る周囲八丈』とある。このとき建立された大仏は木造であったが『吾妻鏡』にはそのことの記載はなく、ここに『周囲八丈』と初めてその大きさが示されている。周囲8丈は、1丈を10尺、3mとすれば24mの大きさになる。

直径8mの大きな仏様である。

工事が始まってから3年後の1241(仁治2)年5月に大仏は大地震に襲われた。この地震については次章で詳述するが、幕府にとっては凶兆であった。その暗い世相を払拭するためかどうかは定かでないが、地震の翌月に仏殿の上棟式が行われている。

大仏のありさまを具体的に伝えているのが、1243(寛元元)年8月に鎌倉を訪れた源親行の『東関紀行』である。

仏像の建造や堂舎の建築工事は3分の2程度進んでおり、仏像の頭頂は雲に入るほど高く、堂舎は十二楼の構えで、振り仰ぐほどの壮大さであると記している。多少の誇張はあるにしても、当時の建築物としては突出した規模と豪華さであったようだ。

さらに『吾妻鏡』は上棟式から3年後の1244(寛元2)年6月16日、8丈余の大仏の落慶法要が行われたと記している。

この大仏は木造だったようで、『吾妻鏡』によると落慶式から9年後1252(建長4)年8月17日『今日彼岸の第七日に当たり深沢の里にて、金銅八丈の釈迦如来像を鋳始め奉る』(佐藤孝雄師)とある。なおこの釈迦如来坐像は阿弥陀如来像の誤記とされている。新しく鋳造が始まった金銅仏と木造物の関係は不詳である。また仏像と仏殿がいつ完成したかも不明である。尊像の蓮台や光背も未完のまま今日に至っている。

そして1335(建武2)年8月3日、仏殿は暴風によって破壊された。『太平記』によると東海地方へ出陣しようとしていた軍勢のうち500人が、急に吹き出した風雨を避けて、大仏殿内に避難していた。500人が入れる仏殿だったのだから、大仏殿は壮大な建築物だったと想像できる。ところがその壮大な建物が大風によって棟や梁が粉々に折れて倒壊してしまい、避難していた軍兵500余人は1人残らず圧死してしまった。

その後、大仏殿が再建されたのかどうか文献は残っていないようだ。

ところが『鎌倉大日記《かまくらおおにっき》』の1369（応安2）年9月3日の項に、突然の大風で堂宇が崩壊したとの記事が出ている。そしてこの記事以後1495（明応4）年まで『鎌倉大日記』にも、そのほかの文献にも大仏殿が再建された記事はない。

余談になるが、倒壊の情景は江戸時代に刊行された『太平記』の挿絵でみることができる。絵師はもちろん何百年も前の出来事を知る由もなく、奈良の大仏をイメージして描いたようだ。そのため大仏の手は折り曲げた右手は垂直に、左手は手のひらを上にして突き出す施無畏与願印《むせいよがんいん》を結んで描かれているが、鎌倉大仏は両手を前で軽く組む定印を結んでいる。建物の屋根も入母屋《いりもや》造りで、実際には使われていなかった瓦が散乱している。

この鋳造された大仏とほぼ時を同じくして建造された大仏殿の建物跡は、21世紀に入っての発掘調査で詳細に調べられた。その結果、60本の柱跡が確認され、柱の礎石が54個、その礎石を加工したらしい石3個も発見されている。

柱礎石の跡から測定した大仏殿の平面的な大きさは南北21間、東西25間、およそ38m

と45ｍの建物と推定された。安山岩の礎石の大きさは直径が１６０～２００㎝で、円形から八角形に成形され、高さは60㎝程度である。

大仏殿というと我々は奈良の大仏殿を想像してしまう。しかし、鎌倉の大仏殿は奈良の大仏殿ほどの規模はなかったようで、明治時代に大仏殿の再建案が出されたときの絵図では、六角形か八角形で二層の堂であった。外観的には法隆寺の夢殿や興福寺の北円堂や南円堂に近い形ではなかったかと想像している。また発掘調査では瓦が全く発見されていないことから、屋根は柿葺《こけら》きか檜皮葺《ひわだ》だったと考えられている。

4・大仏様は15ｍの津波を本当に見たのか？

18世紀に入り鎌倉大仏の再興に尽力した江戸・浅草の豪商野嶋新左衛門（泰祐）は大仏の縁起を発願し、養国上人がそれをまとめた。その縁起が『鎌倉大仏縁起上・下』として高徳院に残っている。

鎌倉大仏が建立される60年ほど前の１１８０年に、平氏により南都（奈良）が焼き打ち

になる。

前に大仏は修復され、大仏殿は再建された。養国上人にとっては500年以上も前の話

に遭い、東大寺の大仏は損傷し、大仏殿は焼失した。そして鎌倉大仏が建立される少し

縁起をまとめるため、養国上人は多くの史資料を収集したようだ。その中で養国上人が重視したと推測されるのが『東大寺縁起』であった。神奈川県立歴史博物館学芸員の鈴木良明氏によると、(『鎌倉大仏縁起』の成立をめぐって)『鎌倉大仏縁起』と『東大寺縁起』との間には4つの大きな共通項があるという。

その最も顕著な項は、史実では鎌倉大仏建立の記事が13世紀に『吾妻鏡』に初めて登場するが、縁起では養国上人にとっては1000年以上前の『東大寺縁起』と同じように、天平時代から話が始まっていることである。

現在の鎌倉大仏のある鎌倉深沢の里の地は霊地であり、737(天平9)年3月、東の総国分寺として、聖武天皇の勅願により行基菩薩が開基したとされている。行基は668(天智7)年~749(天平勝宝元)年の人で、東大寺の大仏造立に貢献した人である。この霊地に創建された寺は清浄泉寺と称され、行基のほか良弁僧正、菩提僧正も開基としている。

共に東大寺建立に貢献した僧侶である。寺は「丈六(約4・8m)」の釈迦・薬師・観世

音の三尊を本尊としている。

このように「縁起」では鎌倉大仏の起源を、東大寺大仏建立と同格に位置づける記述になっている。

およそ４００年後の１１８０（治承４）年、源頼朝が挙兵、治承の乱が起こり、同年12月、平重衡により東大寺が焼き打ちされ、世の中に大きな衝撃を与えた。この東大寺の再興に尽力したのが俊乗坊重源上人であった。法然に師事した念仏僧で、全国を勧進して浄財を集め、東大寺再興を果たした。

１１９５（建久６）年３月12日、東大寺大仏殿建立供養が盛大に行われ、源頼朝は政子や長男頼家を伴って上洛した。この法要には第82代の後鳥羽天皇（１１９８（建久９）年から院政）も列席され、頼朝は法要の守護として10万の兵を引き連れて参列した。

この法要への参列で深く感銘を受けた頼朝は、東国の護持のためにこのような大仏を建立しようと祈念したが果たせなかった。

頼朝は１１９９（建久10）に没したが、新しく将軍となった頼家は１２０３（建仁３）年に伊豆修善寺に幽閉され、翌年殺害された。第３代の将軍になった実朝も１２１９（建保７）年に鎌倉の鶴岡八幡宮で頼家の遺児・公暁《くぎょう》に殺された（このとき公暁が身を隠していた鶴岡八幡宮の石段脇の大銀杏は２００８年の台風で倒れてしまった）。実朝の死で源氏の幕府は終わり、北条家による執権政治が始まった。

鎌倉幕府第4代の将軍となった京九条家の頼経は、頼朝や政子の願いであった関東での大仏建立を実現すべく、重源上人の弟子の浄光に、そのための勧進を命じた。そして1238（暦仁元）年の大仏殿事始めへと続くことになる。

そして『太平記』から引用したのだろう、1335（建武2）年8月3日に大風で大仏殿が破壊され、500名の軍兵が1人残らず死んだことは記述されている。

その壊れた大仏殿が再興された記述はないが、1369（応安2）年9月3日に大風で大仏殿が倒壊した。そして建長寺の大素和尚が大仏殿を再興した。それにより大素和尚を大仏の中興開山という。

さらに『鎌倉大日記』からの引用として1495（明応4）年8月15日の大地震による津波で、大仏殿をはじめ境内の二王門、三門、十二楼など仏閣、僧房すべてが流された（そこには1486年に萬里集九が大仏は露座だったと記している『梅花無尽蔵』からの引用はない）。

それから約200年間、大仏及びその周囲は荒れ放題だったようだ。1703（元禄16）年の元禄関東地震で大仏が傾き、その修理から高徳院としての再興が『鎌倉大仏縁起下』に述べられている。

5・『鎌倉大日記』で地震と津波を推理する

大仏殿が津波に流されたという記述のある『鎌倉大日記』は。治承4年から天正17年（1180年〜1589年）までの年表形式をとった鎌倉幕府を中心とした年代記である。時の関白、将軍、執権、六波羅探題、管領、政所と問注所執事などについて歴代の人名を記して、官名や世系などを注記している。

さらに各年代の重要事件も記載されている。明応4（1495）年の津波による大仏殿の破壊・流失も重要事件として記載されたものである。

作者、成立年代とも不詳であるが、南北朝時代末期ごろに成立し、以後書き継がれていった。約400年間の記録であるから、重要事件の記載にはどうしても記載者の視点が入り、全体を通じて同じレベルの内容にはなっていないようだ。1180年〜1580年分は1937年に整理され、頼朝会から出版されている。

『鎌倉大日記』には大仏の建立については記載されておらず、仁治3（1242）年6月16日、『深沢大仏堂供養』という記載が最初である。建長4（1252）年8月17日に『深沢村鋳八丈釈迦』と金銅仏の記載があり、応安2（1369）年の大風による仏殿の倒壊が記載されている。そして明応4（1495）年の地震、津波の記事となる。明応4年8月15日の記事は次のごとくである。

明応四乙　卯八月十五日大地震洪水、鎌倉由比濱海水到千度檀、水勢大仏殿破堂舎屋、溺死人二百餘。

「8月15日に大地震洪水があり、由比ケ浜に海水が押し寄せ千度檀にまで達した。水の勢いは強く大仏殿の堂舎を破り、200余人が水死した」

という意味である。千度檀は八幡宮の参道である段葛《だんかずら》の一の鳥居付近の地名である。

ここで「大仏殿」とあるが、これは建物を指すのではなく「大仏のある寺」と解釈されている。大仏建立以来「鎌倉深沢の里」という地名はあるが、『吾妻鏡』や『方丈記』にも寺の名前は出てこない。そこで地元の人々の間では「大仏殿」は「大仏のある寺」の呼称として通用していたと解釈されている。現在「大仏のある寺」の正式名称は「鎌倉大仏殿高徳院」である。

したがって「大仏殿」と記載されているから、このときの津波により大仏殿が破壊・流失したと解釈するのは誤りで、「大仏のある寺」の堂舎がことごとく流されたと解釈すべきであるという説に共感する。

『鎌倉大日記』の記載事項が必ずしも同一の視点でない例としては、1241（仁治2）年の地震の記載がないことがあげられる。この地震でも由比ヶ浜には津波が押し寄せているので、鎌倉にとっては大騒動であったはずである。

同じように明応7（1498）年の地震についても記載がない。日本の歴史上、津波による死者が最大の地震であったから、鎌倉に津波こそ襲来しなかったろうが、東海地震の1つであるから間違いなく鎌倉も大きな揺れに襲われたはずで、大事件であったことは確かであるが、記載されていない。このあたりにも『鎌倉大日記』の信頼性が問われる点である。

地震の記事としては1293（承仁元）年、1433（永亭5）年の5月と9月の3つが記載されている。このうち永亭5年5月の地震は『理科年表2023』には記載されていないが、他の2つは記載されている。したがって地震の記事の少ない中で明応4年の地震の記載は信憑性が高いように思える。

そのような事情の中で1457年に太田道灌が岩槻城、江戸城を、1486年には河越城を築き、さらには斬殺されたことも記されている。そして1495年9月、つまり明応

4年の地震の直後には、のちの北条早雲が小田原に侵攻した記載がある。地震と津波で打撃を受けていた小田原は、たやすく早雲の手に落ちたのだろうと説く歴史家もいる。詳細は第3章2節で述べる。

6・鎌倉大仏は関東地震の履歴

大仏殿がなくなっても、萬里集九が訪れた1480年代ごろまでは、堂舎があり大仏もそれなりに守られていたようだ。ところが明応4（1495）年の津波で堂舎が流失してからは、完全に無人となり、かっての寺域も手入れをされず荒れたり、田んぼになったりしていたらしい。そんな中で大仏だけが孤立していたのだろう。

地元の人々は通るときには手を合わせ、それなりに敬っていたが、大仏の胎内も荒れ放題で野鳥の巣になっていた。

江戸時代に入り、長崎から江戸に来たヨーロッパ人の中には大仏を訪れた人がいたことが記録に残っている。その中には大仏の胎内に自分の名前を書き遺した人もいた。落書きである。

そのころまで大仏を管理していたのは建長寺だった記録も残されている。また長谷寺の末寺になっていたときもあった。その管理維持に苦労してあちこちの寺をたらいまわしされた感がある。大仏のおかげで寺の形は維持されていたのだろうが、その存在は持て余し気味にされていたことが伺える。

１７０３（元禄16）年12月31日（M７・９〜８・２）の元禄関東地震では鎌倉でも多くの寺社が甚大な被害を受けた。大仏も台座前方の石段が崩れ、３尺（約１ｍ）ほどずれて傾いた。

この大仏の惨状を知った江戸・芝増上寺の祐天上人は大仏再興に着手した。江戸浅草の商人である野嶋新左衛門（泰祐）が資金を供出して協力した。

まず大仏参道入口に土地を求め、小堂を建て住僧を置き、毎日経を唱え供養させたという。祐天上人の弟子の養国上人が大仏再興の企画から托鉢、勧進を行った。そして大仏周辺の寺域は次第に整備されていき、大仏も修理された。

祐天上人、養国上人による大仏復興事業は１７１２（正徳２）年を中心に数年間で実施したようで、台座の修復がなり、堂舎も完成した。そして１７１２年３月24日に入仏供養が実施された。

野嶋新左衛門の善行により大仏のある寺は建長寺から離れ「高徳院」となり、１７３３（享保18）年３月１日、そこに養国上人が住職となって入った。養国上人は大仏をはじめとする高徳院の整備にいっそう努力するとともに『鎌倉大仏縁起』をまとめた。

1737（元文2）年からは大仏仏身のいろいろな個所の修理が実施され、7月18日に開眼供養が行われた。

養国上人は大仏の蓮華座の完成に心血を注いだが、実現に至らず、現在蓮弁4枚が大仏の背後に残されている。

その後、高徳院は民間の援助で現在の寺域まで確保され、整備されていった。そして1923年の大正関東地震（関東大震災）による被害の修理を経て、1958年2月8日、鎌倉大仏は「銅造阿弥陀如来坐像」として国宝に指定された。

また1959年には国の補助により耐震構造の修理が行われ、現在に至っている。

第3章

次の首都圏地震を探る②

新発見、明応の関東地震

1・疑問視され、無視されていた明応4年の地震

『鎌倉大日記』に記述されている１４９５（明応４）年に鎌倉大仏の仏殿が津波によって破壊・流失したという事項は、ともに史書の『続本朝通鑑《ぞくほんちょうつうかん》』、『大日本野史』にも記載されている。しかし、この2冊は江戸時代の文書で、後世になって書かれた伝聞による記載である。明応4年8月15日に地震があったという記述は『後法興院記』にもある。遠く離れた京都に住む公家の近衛政家が記した日記である。当然のことかもしれないが、大仏殿のことは記載されていない。はっきりと大仏殿が津波によって流失したとの記載は『鎌倉大日記』だけである。

このような背景のもと『新編・日本被害地震総覧』（東京大学出版会、１９９６）をまとめた東京大学名誉教授の宇佐美竜夫先生は、その中で「『鎌倉大日記』での明応4年の地震は疑わしい」と述べている。宇佐美先生の考えに従ったためか、その後の同大学地震研究所の津波研究者たちの研究論文では、明応4年の地震については否定的だったり、最初から無視する態度だったりしている。『理科年表』にも最近（２０１０年頃）までは記載されていなかった。そして大仏殿の流失も１４９８年の地震の項に記載されていた。しかし、

21世紀に入ってからはこの記述は削除されている。

宇佐美先生は私の地震研究所時代の先輩教授である。当時、私はこの問題にはまったく関心がなく、ただ大仏殿が流失したという事実については、大仏を訪れるたびに本当に大仏まで津波が襲来したのかと、なんとなく違和感を持っていた。しかし、そんなこともあったのだろうと、自分自身を納得させていた。特に２００４年のインド洋津波以来その気持ちを強くしていた。

東日本大震災以後、相模湾の津波について考えるようになって、大仏殿の破壊・流失についてはやはり疑問を持つようになった。その後、明応４年に鎌倉を大地震が襲った可能性のあることを知った。

私は直接、宇佐美先生に明応４年の地震について見解を伺い、次のような説明を受けた。

- 全体の背景として明応4年の地震に関して資料が少ないので不明の点が多い。新しい資料が発見されれば、これまでの見解が変わる可能性がある。
- 明応4年8月15日の地震は『鎌倉大日記』にのみ記載されているだけで、他の古文書には見当たらない。
- 『鎌倉大日記』には巨大地震であった明応7年8月25日の地震は記載されていない。
- 明応7年の地震が8月25日、明応4年は8月15日と発生日が似ている。

以上の事実から、後世になってこの出来事を『鎌倉大日記』に書き遺すときに、明応7年の地震を明応4年の項に記載し、8月25日を8月15日と誤記したと判断された。『鎌倉大日記』は後になって諸項目の事項を次々に書き加えているので、そのような誤記の生ずる可能性は十分にあったと考えられる。しかし、現在では明応4年の地震に関心を寄せる地震研究者は多くないだろう。

そこで私は自分自身が誤りを犯す可能性があることを前提に、「明応4年の地震は実在した」として考えてみることにした。『鎌倉大日記』の記載を文字通りにそのまま理解することである。つまり明応4年の地震による津波で「鎌倉深沢の里にある大仏殿と呼ばれていた寺の堂舎は流された」と考えることにして、当時の地震について考察する。

2・地震考古学からの新しい知見

地震考古学は1500年間程度の地震活動しか分からない古文書による過去の地震を調

べる歴史地震に対し、ときには縄文・弥生時代にまでさかのぼれる、より長期間の地震活動を調べる1つの手法として、20世紀の終わりごろから注目されるようになった。遺跡の発掘で現れる津波堆積物の存在、さらに地層の中に混じる噴砂の存在などから、過去の大地震の発生の有無や、その発生時期を推測する手法である。

静岡県伊東市教育委員会が発行した「伊東の今・昔－伊東市史研究第110号」に金子浩之氏の「宇佐美遺跡検出の津波堆積物と明応4年地震・津波の再評価」と題する23頁の論文が掲載されている。この論文では明応4年の地震の存在を強く示唆している。

金子氏は伊豆半島東岸に位置し相模湾に面している伊東市宇佐美地区の遺跡の発掘調査で、津波によって運ばれた堆積物の地層を検出し、解析した。

宇佐美遺跡は海岸沿いに形成されたすり鉢状の地形の中に堆積した沖積層の上に、縄文時代から集落が形成されてきた。遺跡は標高8mの浜堤の上に形成され南北540m、東西170mのスケールで、そこに津波が襲来し、運ばれてきた土砂が残され堆積物が形成された。津波による堆積物と決定するために、各地層を比較検討している。私のような門外漢でも、よく精査されていると理解できた。

ここでの津波堆積物は粘土や泥質土壌が堆積する中に、厚さ10～20㎝の砂質の層が存在し、しかもその中に人の手によるいろいろな遺物の破片が含まれている。遺物にはそれまで存在していたいろいろな時代の品物が混在している。つまり、津波によって、それ以前に存在していた品物が、すべてごちゃごちゃに攪拌されたまま堆積しているのである。

そしてそれらの出土物の中で最も新しい品物から、その津波による堆積層の形成は15世紀末とした。宇佐美遺跡一帯は15世紀末に運ばれてきた砂で堆積層が形成されるほどの大きな津波に襲われたと推論している。


ではその津波を起こした地震とはどんな地震か、歴史地震の検討がなされた。15世紀末頃の地震としては明応4（1495）年と明応7（1498）年の地震に注目している。そして宇佐美先生らの見解により、学界では明応4年の地震の存在を疑問視する傾向が強まり、『理科年表』からも削除されたと指摘している。

また萬里集九の『梅花無尽蔵』にあるように、1486年には鎌倉の大仏は露座だったことは明らかで、どちらにしても明応年間の地震で大仏殿が流失した事実はないとも指摘している。

金子氏は、宇佐美先生たちもその存在を知っていた『熊野年代記』の記述も明応4年の地震が存在する信憑性が高い理由にあげている。『熊野年代記』は熊野三山の社家による長年の記録である。その中に『明応四年八月十五日に鎌倉大地震』とあり、鎌倉に起こった事件だから記録されたのだろうと推測している。

紀伊半島から房総半島へは黒潮に乗って人や物が古くから流通してきている。金子氏は

『熊野御師の活動範囲は広く東国全体に及ぶものであり（中略）、鎌倉に発生する事件はかなり身近で切実な問題であったはずである』と述べ、明応4年の地震の存在を示す1つの証拠としている。

ちなみに『熊野年代記』では明応7年の地震については、自社の被害などはより詳細に記述されており、遠方の鎌倉の記事とは（扱い方が）違うとも述べている。

また前節で触れた『御法興院記』では『酉刻地震』の記述から、明応4年の地震の発生は午後6時ごろだった可能性が高いとしている。

金子氏の論文で私が多くのことを学んだのは、社会情勢の変化についての指摘である。その第1は鎌倉では土地の面積の単位として、京都と同じ「丈尺」を用いていたのが、明応6年からは「坪」を使っていることである。当時の「坪」は田舎（ここでは私は都から離れている地域と解釈した）で使っていた単位で、政治的には衰退しつつあった鎌倉が明応4年の地震・津波で壊滅し、街の復興のための測量にも「坪」が用いられるようになったのだろうと推論している。

第2は北条早雲の行動についての記載である。室町幕府が駿河の今川家の家督争いに際して派遣した北条早雲は、明応2年ごろから野心を持った行動を伊豆で始めた。そして明応7年までには小田原から伊豆半島全域をその勢力圏下に収めた。これは明応4年の地震で伊豆半島の相模湾沿岸、明応7年の地震で駿河湾沿岸がそれぞれ壊滅的な被害を受けていたため、早雲の軍勢が容易に侵攻できた結果であろうとしている。

なお前章の5節で述べたように『鎌倉大日記』にも1495年9月に北条早雲が小田原に侵攻した記載がある。明応4年の地震で被災した小田原への侵攻は容易だったのだろう。

このように金子氏は考古学的な発掘調査の結果を起点に、いろいろな角度から検討を行い、明応4年の地震は実在したと結論付けている。

金子氏の論文で説明が不十分と思われるのは、現在の伊東市宇佐美に大津波が押し寄せるのは相模トラフの地震だけであると断定している点である。私もほぼ同じように考えているが、地震研究者でない金子氏がなぜそう考えたかを知りたかった。

また金子氏は弁財天参拝で江の島に渡るのに舟か徒歩かに着目している。陸繋島の江の島は現在では橋で本土と結ばれているが、昔は舟で行くか、引き潮の時をねらって徒歩で行くかであった。金子氏は地殻変動で江の島が隆起したり沈降したりして、明応年間には舟で渡るか徒歩で行くかが頻繁に変わったことに着目している。海面の変化は必ずしも地殻変動ばかりに原因があるとは限らないので、金子氏のこの指摘に関しては私は本書ではあえて触れないでおく。

3・明応7年の地震の震源地を考える

明応7年8月25日(1498年9月20日)の東海(南海)地震は日本における史上最大の津波による被害をもたらした地震とされている。紀伊半島から房総半島までの沿岸域と甲斐(山梨県)で大きく揺れたが、巨大地震にしては震害はそれほど多くはなかったようだ。熊野本宮の社殿が倒れたとか、那智の坊舎が崩れたとか、それぞれの浦に津波が襲来したとか、前節で紹介した『熊野年代記』がその被害を述べている。

津波は紀伊半島から房総半島に至る沿岸一帯を襲った。伊勢大湊で家屋の流失1000棟、溺死者5000人、伊勢志摩で溺死者1万人という記録がある。さらに『静岡県志太郡史』には同地方の死者は2万6000人とある。『新編日本被害地震総覧』では、この2万6000人は260人の誤写ではないかと疑問を呈している。たしかに静岡県の一地方だけで2万6000人が死亡したという数値は、現在よりはるかに少なかったであろう当時の人口を考えると多すぎる。

この数値をそのまま理解して、一般には冒頭に述べたように、この地震は史上最大の溺死者を出した地震と紹介されている。しかし、その数が260人だったとしたら、必ずしも史上最大の被害とはならないだろう。ただし、津波の被害は伊勢ばかりでなく遠州灘から駿河湾、さらに房総半島の沿岸各地に及んでいるだろうから、溺死者が2万人ぐらいいたとしても不思議ではない。したがって明応7年の東海地震は「史上最大の津波の被害を伴った地震の1つ」であることは確かである。

この地震の被害で記録にとどめられているのは、静岡県浜名湖の状況である。それまで遠州灘とは砂洲によって切り離されていた湖であったのが、この地震の津波によってその一部が決壊し現在のような地形になり、海水が注入する汽水湖になった。決壊個所は今切口と称され、渡し船で通行していたが、1881年に橋が完成し、徒歩で越えることができるようになった。

この地震が現在の東海地震の範疇に入るのか、東南海、あるいは南海地震の領域まで震源域が延びるかは、これまでの資料だけでは判断が難しい。紀伊半島西側の和歌山市にも津波が襲来したとする記録もあり、これが事実なら東海地震と東南海地震、あるいは南海地震との連動も考えられるが、四国以西の被災記録は一点しか見いだされていない。この西側での被災記録がほとんどないことを考えれば、この地震は東南海地震の1つと考えるのが自然であろう。

『鎌倉大日記』に記載されていないこと、この時代の大仏殿流失や鎌倉が被害を受けたという古文書はすべて後世の編纂であることなどから、この明応7年の地震では、鎌倉へ寺の堂舎を流させる10ｍを超すような津波が襲来したとは認めにくい。

私はこれまで疑問を呈しながらも、この明応7年の地震による津波により鎌倉の大仏が露座になったと伝えてきた。しかし、本書で初めてその可能性が全くないことを指摘しておく。

4・明応4年と明応7年の地震の違い

関東が当時の中央から見て未開の地であった11世紀以前はともかく、源頼朝が鎌倉幕府を開いた12世紀以後、鎌倉を中心に古文書も増えているはずで、津波が襲来して被害が出たというような出来事は記録に残っていてよさそうである。ところが後の章で述べる1361年の南海地震、明応7年の地震、1605年の慶長地震、1707年の宝永地震、1854年の安政南海地震などの巨大地震でも、鎌倉をはじめ相模湾内に死者を出すような大津波が襲来した記録は残されていない。第2次世界大戦の末期前後の1944年の東南海地震、1946年の南海地震でも同様である。

この状況は湾口の狭い東京湾内も同じである。房総半島の南端部を除き、東海地震や南海地震で東京湾沿岸に大津波が襲来した形跡はない。

明応7年の地震の震央は東海地震や東南海地震の震源地域よりもかなり東側まで拡大していたと推定されていて、それだけ大きな津波が発生し、甚大な被害が出ていた。そんな地震による津波でも、鎌倉つまり相模湾奥までは被害をもたらすような津波は襲来しなかった。駿河トラフ、南海トラフ沿いの巨大地震では相模湾奥や伊豆半島東岸への津波の襲来はほとんどなかったのである。この事実は相模湾沿岸の住民にとっては朗報である。津波を侮ってはいけないが、南海トラフ沿いの巨大地震について毎回繰り返される津波襲来説は聞き流しておいてよいだろう。

特に慶長地震や宝永地震は東海地震と南海地震が連動した可能性が指摘され、駿河トラフ、南海トラフ沿いで起こった日本では史上最大級の地震とみられる。発生した津波の高さも10m以上と大きく、沿岸域では大きな被害が出ている。しかしたとえ相模湾にこの地震による津波が侵入したとしても、被害をもたらすほどの大きさではなかったから、どの古文書にも記載が残されていないのであろう。

過去1000年近くの間、東海地震、東南海地震、南海地震などの駿河トラフ、南海トラフに沿う巨大地震によって発生した津波が、相模湾内に被害をもたらさなかったのはその地形にある。これらの地震によって発生した津波はほぼ西側から伝播してくる。相模湾の西側には伊豆半島が南に延びて、西側からの津波に対しては防潮堤の役割を果たしている。湾口は南に開き、その中央には伊豆大島が位置している。

西側から襲来した津波は伊豆半島の西側から南端の下田付近まで、また伊豆大島や房総半島の南端から太平洋岸一帯、三浦半島の南端などには被害をもたらす。しかし相模湾内には侵入しても、大きな被害をもたらす高さにはならないようである。

また相模湾内の海岸は比較的砂浜が狭く、すぐ7～8mの陸地になるので波高が数m程度の津波だと被害を受けにくい地形的な特色もある。そんな中で鎌倉と小田原付近は海岸から内陸へ1km以上も平坦になっており、津波の被害を受けやすい地形になっている。それでもこれまで相模湾外側の駿河トラフや南海トラフに沿った巨大地震で記録に残るような被害を受けた形跡は認められない。

本節の主目的ではないが、相模湾内（東京湾内もほぼ同じ）へ襲来する津波については、三陸沖で起きた地震による津波でも同じようなことが言える。2011年の東北地方太平洋沖地震（東日本大震災）をはじめ、これまで起きた三陸沖、宮城県沖などの地震による津波でも、相模湾には被害をもたらすような津波は襲来していない。潮汐計には記録されるような津波はあっただろうが被害は生じていない。東北地方太平洋沖で発生した地震による津波は、東北日本の太平洋沿岸には東側から直撃することになるが、相模湾へは北東方向から到来し、南に開いた湾口の湾内には大きなエネルギーを維持したままで侵入しにくいのである。

同じことはチリ沖で起きた地震による津波でも言える。1960年には現在でも史上最大のチリ地震（M9.5）が発生した。この地震による津波は22時間後に日本列島に襲来し、東北地方の太平洋岸、紀伊半島、沖縄などに大きな被害をもたらし、死者も142人を数えた。この津波は日本では「チリ地震津波」と命名されているが、被害は湾口を東に開いていたリアス式海岸の地形の地域に集中している。これは南半球のチリ沖で発生した地震による津波が最短距離で伝播してくると、日本列島にはほぼ真東から襲来することになる。

疑問に思われたら地球儀上で例えば岩手県の釜石とチリのサンチャゴとを糸で結んでみるとよい。釜石から延びる糸は東を向いているはずである。チリ地震津波の苦い経験から、気象庁は日本からかなり離れた地域で起こった地震についても津波警報を出すようになった。チリ沖で大地震が起こり津波が発生すると、日本でも太平洋沿岸に津波注意報や津波警報が出される。2022年にはトンガの海底火山の噴火でも津波警報が出された。

相模湾もその警報、注意報の出る範囲に含まれる。しかし、南に開いた湾口を有する相模湾ではチリからの津波によって被害が出ることは考えにくいのである（拙著『次の超巨大地震はどこか』サイエンスアイ新書、2011年、コラム9参照）。

相模湾の中でも数mの津波で被害が発生しやすいのが鎌倉や小田原である。鎌倉では由比ヶ浜海岸付近から鶴岡八幡宮にかけてほぼ平坦な地形が広がっている。小田原も酒匂川西側にほぼ同じような地形が広がっている。そんな自然条件でも東北地方太平洋沖や東海から西日本の太平洋沖で起こる巨大地震による津波の被害はほとんど記録されていない。大正関東地震、元禄関東地震のような相模トラフ沿いに起こった地震による津波だけが、鎌倉に大きな被害をもたらしていることが記録に残っているのである。

このような事実から考えれば明応7年の地震による大津波は襲来しなかったとすれば、『鎌倉大日記』の記述はそのまま解釈して、明応4年の地震では鎌倉に津波が襲来したと理解できる。つまり、明応4年の地震は実在し、しかも鎌倉の「大仏のある寺」の堂舎をことごとく破壊・流失させたほどの津波が押し寄せたのである。このような津波を発生させる地震は相模湾内か、すぐ外側に震源を有する相模トラフ沿いの「関東地震」のみと断言してよいと考える。

したがって明応4年の地震は1703年の元禄関東地震の1つ前に起こった関東地震、すなわち「明応関東地震」と呼べる地震である。

このように明応4年の地震を認知すると、相模トラフ沿いの関東地震が大正、元禄の2つしか記録されていない不自然さ、不思議さが解消される。1923年、1703年の前の1495年にも関東地震は起こっていたのである。「大仏のある寺」の堂舎がことごとく流れたという津波の発生から考えれば、そのマグニチュードはM８に近い大地震または巨大地震だったと推定できる。ただ『理科年表２０２３』にもマグニチュードは示されていない。『鎌倉大日記』以外の史資料がないので被害の大きさも推測できず、マグニチュードが推定できないのである。

大正関東地震と元禄関東地震の間は２２０年間であったが、元禄関東地震と明応関東地震の間が２０８年となんとなく話が合うようにみえる。そしてこの明応関東地震の認知によって新しい展開が開ける。

5・4回あった関東地震
一定の間隔で発生するのが特徴

明応４（１４９５）年に鎌倉に大津波を襲来させた地震が実在したとすれば、それは間違いなく相模トラフ沿いの地震である。このカテゴリーに入る地震としては大正関東地震と元禄関東地震が知られていた。しかし、元禄関東地震より前の地震は分からず、私は非常に不思議に思っていた。ところが明応４年の地震が実在すれば、その津波の襲来状況か

図１　駿河・相模トラフ形成の概念図

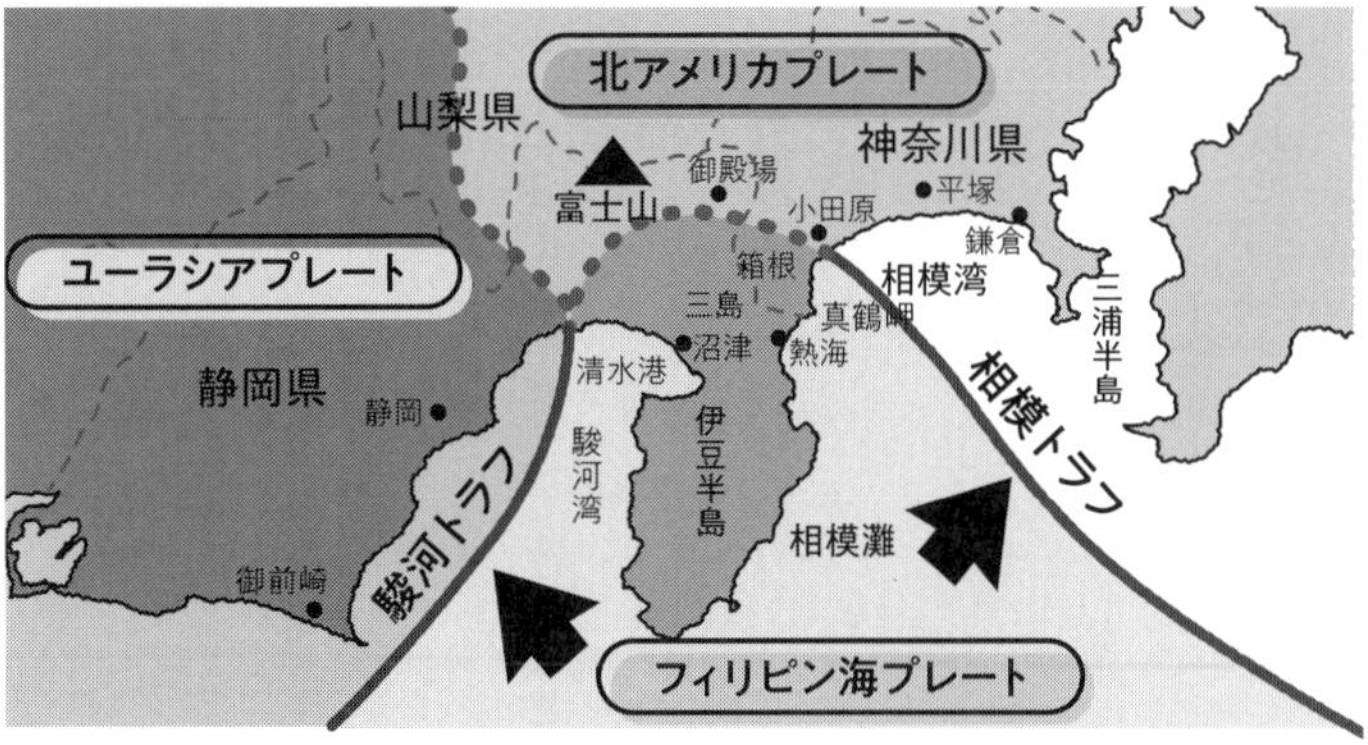

北上したフィリピン海プレートの沈み込む方向が伊豆半島を境にして北西方向、北東方向に分かれる。

らして元禄関東地震以前の関東地震と考えてよいと推測できる。そうなると相模トラフ沿いの地震の解釈も前進する。

そして、それならば明応関東地震以前の関東地震は存在するのかという次の疑問が生ずる。『理科年表』や『日本被害地震総覧』によると、１２４１年５月22日（仁治２年４月３日）にＭ７・０程度の地震が起きている。鎌倉には津波が襲来し『由比ヶ浜大鳥居内拝殿流失、岸にあった舟十艘が破損』という。

鎌倉幕府を開いた源氏が１２１９年に滅亡し、北条家の世になって20年が過ぎたころである。その頃の鎌倉の市街地がどの程度だったかは定かでないが、津波は大鳥居を越えて八幡宮の方向に押し寄せ、拝殿を流したという。どの程度強固な建物だったか分からないが、神社の1つの建物が破壊され流されたのだから、少なくとも浜辺では3〜5m、拝殿付近でも2〜3mの高さの津波だったと推測できる。

浜辺にあった舟も10艘流されたという。浜辺に置いてあった舟が流されたのだから、もし存在していたとすれば浜辺付近の漁師小屋や漁師の家なども流されたであろう。当時の感覚としては、やはり津波による被害は甚大だったとしておく。第2章3節で述べたように、このような地震・津波が発生したので、凶事を払拭するためその翌月に深沢の里に造営する大仏殿の上棟式が行われたとも推定される。

また地震のマグニチュードがほぼ7というのも、元禄、大正の関東地震と比べれば小さい。実際には明応関東地震と同じようなM8に近い大地震だったのだろうが、史資料が少なく地震による被害地域が小さく推定された結果、マグニチュードも小さく推定されたと推測している。津波の存在を考えれば、マグニチュードは7よりは、はるかに大きくなるだろう。

この鎌倉の状況から考えて、1241年の地震は「仁治関東地震」としておく。するとこれまでは2回しか確認されていなかった関東地震は1923年、1703年、1495年、1241年と4回あったことになる。しかもその発生間隔は220年、208年、254年とほぼ一定の間隔で発生している。これは駿河トラフ、南海トラフ沿いに発生する東海、東南海、南海の各巨大地震の発生間隔が100〜250年ぐらいとかなりばらつきがあるのに比べ、ほぼ一定の時間間隔で起きているという特徴がある。同じフィリピン海プレートの沈み込みによって起こされる巨大地震であるが、伊豆半島を境界とする東と西で差があるのは興味深い。

なお1241年の仁治関東地震の前の関東地震は確認できない。同じような時間間隔で起きていたとすれば1000年ごろに発生していたと推測できるが、その記録は歴史地震のリストでは見つかっていない。地震が起こらなかったのか、まだ未開の地であった東国の史資料が少ないからかは定かでないが、今後の課題の1つである。

6・関東地震前後の地震活動

関東地震が4回追跡できた。しかもその発生間隔がいずれも200~250年程度ということは、首都圏の地震活動を考える時の、1つの知見である。

研究者の中には、元禄関東地震と大正関東地震の間が220年だから、次の関東地震も同じような時間間隔で起こると考えている人は少なくなかった。しかし、私はこの考えには必ずしも賛同していなかった。自然現象をただ一度の例だけで、同じ現象が同じように繰り返されると断定するのは早計だからである。

地球を相手にした場合、1つの現象を予測してもそこには50年、100年の誤差が含まれていると考えるべきであるというのが私の主張である。第6章12節で詳述するように、地球の寿命と人間の寿命のタイムスケールの違いを考えなければならないからだ。

ところが関東地震の発生間隔が3回ともほぼ一定ということは、そこに何らかの規則性があることが予想される。フィリピン海プレートの移動速度、沈み込みの速さ、その構造などが関係しているのだろうが、1つの研究課題である。

なおフィリピン海プレートが沈み込む九州の桜島が溶岩流出を伴うような大噴火は、200年程度の時間間隔で起きていることを、私はすでに指摘してあるがその周期性はフィリピン海プレートの移動にありそうだ（「地震・火山の互換性」関東地震50周年論文集、東京大学地震研究所、1973年）。

元禄関東地震の発生から大正関東地震発生までの220年間には、首都圏（南関東地域）の地震活動が次の3段階になると考えられている（108頁、図2参照）。

第1段階　70～80年間地震活動の静穏期
第2段階　70～80年間地震活動がやや活発になった

第3段階　70〜80年間地震活動が活発になりM7クラスの大地震も発生

1923年の大正関東地震の前の70年間には、南関東では地震活動が活発になっていた。1853年の嘉永小田原地震（M6・7）、1855年の東京直下地震である安政江戸地震（M7・0〜7・1）、1870年の小田原付近の地震（M6・0〜6・5）、1880年の横浜地震（M6〜6・5）、1894年の東京直下型の東京地震（M7・0）、1921年の竜ケ崎地震（M7・0）、1922年の浦賀水道地震（M6・8）と7回も被害を伴う地震が起きている。このうち3回はM7の大地震である。そして安政江戸地震や東京地震は典型的な首都圏直下地震である。

横浜地震は文明開化で当時の東京大学に教えに来ていた欧米の御雇教師たちを驚かせ、世界で初めての「地震学会」が創設される契機となった。

元禄関東地震前の70〜80年間では次のようになる。

1628年江戸（M6・0）、1630年江戸（M6¼）、1633年小田原地震（M7・0）、1635年江戸（M6・0）、1648年小田原付近の地震（M7・0）、1649年武蔵・下野（M7・0）、1649年川崎・江戸（M6・4）、1697年相模・武蔵（M6・5）で、合計8回の地震を数える。ただ大正関東地震では直前に2つの地震が続いたのに対し、元禄関東地震では1628〜1649年と50〜70年前に集中している。これをどう考える

図２　南関東域のおもな地震活動（元禄関東地震から大正関東地震まで）

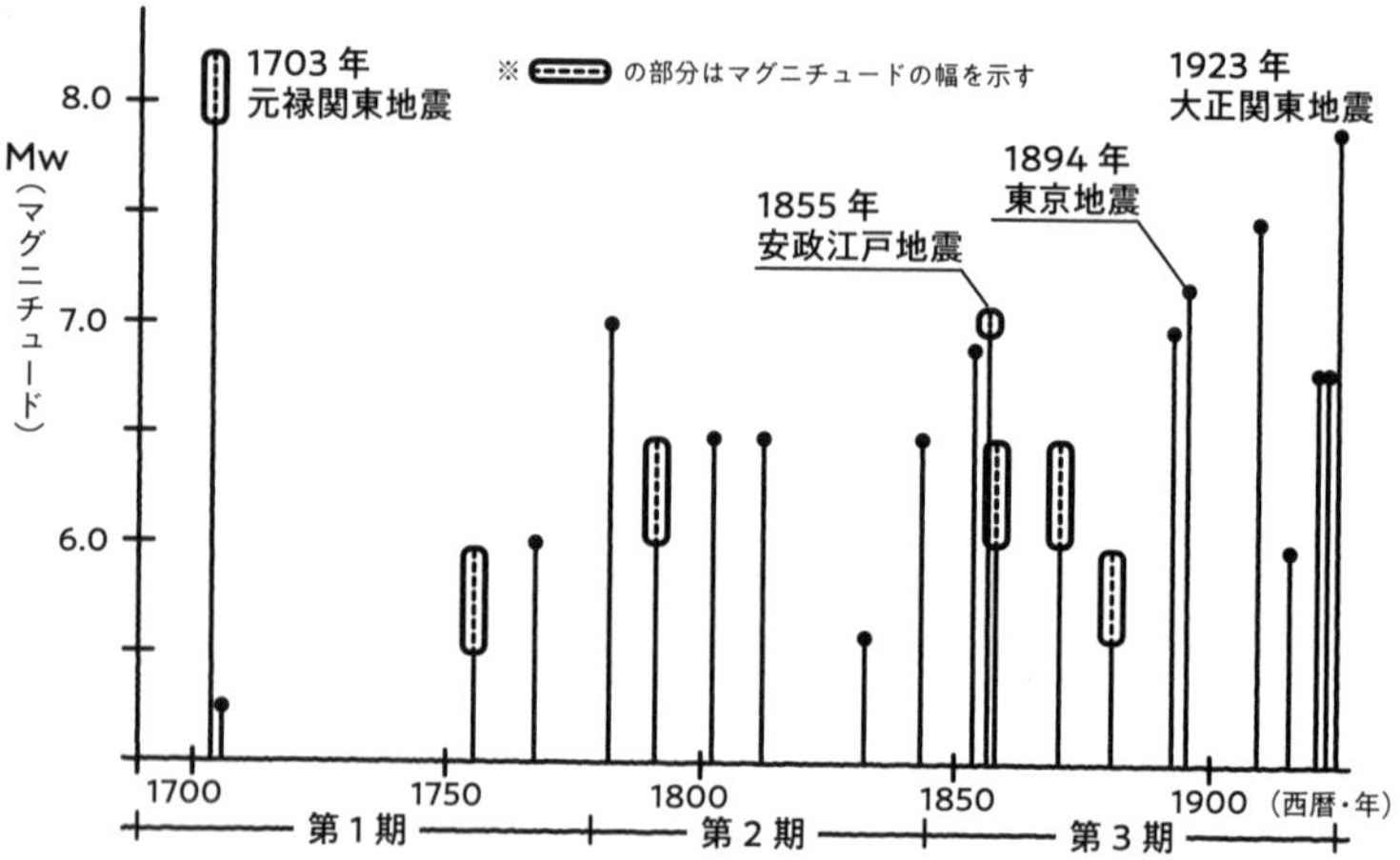

かによって意見が分かれるが、それ以前よりも地震活動が活発になっていたことは事実のようだ。

明応関東地震になると古文書も少なくなるので、記録に残る地震も少なくなっている。１４９５年の62年前、１４３３年に相模でＭ７以上の地震が起きている。

仁治関東地震の前後は鎌倉で多くの地震が起きたことが記録に残っている。１つひとつの地震は史料も少なく揺れた範囲も特定できないので、マグニチュードも決まらないが、これは必ずしも地震が小さいことを意味するのではなく、データ不足だからと考えられる。『理科年表』に記載されているだけでも１２１３年、１２２７年、

1230年、1240年と被害を伴った地震が起こり、1241年の地震へと至っている。巨大地震発生前数十年間に被害を伴うような地震が続いて起きていたという点では大正関東地震の場合と類似している。

1241年の地震は津波の被害を考えると、すでに検討したように相模トラフ沿いの関東地震の1つとして間違いないだろう。しかし、その前後の地震活動をみると、ほかの3回の地震とは異なるようだ。ほかの3回の関東地震はその発生後に数十年間の地震活動の静穏期がある。ところが仁治関東地震はその後の50年間に、少なくとも2回の大きな地震が起きている。

1257年鎌倉を含む関東南部でM7.0~7.5の地震により大きな被害が出ている。また約50年後の1293年にも鎌倉を中心に被害が出て、死者数1000人あるいは2万3000余人という数値が残る地震(M7.0)が発生している。浜辺で140体の死体が発見されており、津波も襲来したとの解釈もあり、明応関東地震の1つ前の関東地震の可能性もあるが、資料が十分でないのでこれ以上の言及は控える。仁治関東地震後の地震活動はほかの3回の関東地震とは明らかに異なる。しかし、だからといって1241年の地震が関東地震ではないとも断言できない。鎌倉への津波の襲来は関東地震と考えるに十分な根拠である。

7・次の関東地震はいつか？

明応4年の地震を「明応関東地震」と認知すると、少なくとも次のことが言える。

- 古文書に記録されている鎌倉への津波が襲来したのは仁治、明応、元禄、大正の4回の地震だけである（ただし1293年の地震もその可能性がある）。
- 鎌倉への津波の襲来から推測すると、これら4つの地震は相模トラフ沿いに起こった関東地震である。
- 4つの地震のそれぞれの発生間隔は254年、208年、220年である。

すでに述べたように、一部の研究者が指摘していた「元禄と大正の関東地震は220年の間隔で起きているので、次の関東地震の発生も200年以上後になるだろう」との考えに私は疑問を呈していた。しかし、2回、3回と同じような現象が続くと、そこに何らかの規則性が存在するのではと考えるようになる。

その規則性の「からくり」を明らかにして、次の地震がいつ起こるかを考えるのが正しい「未来予測」であり、自然科学である。残念ながら、なぜ周期が200年ぐらいなのかという「からくり」はまだ解明されていない。

図3　次の関東地震の発生時期を過去の関東地震から予測する

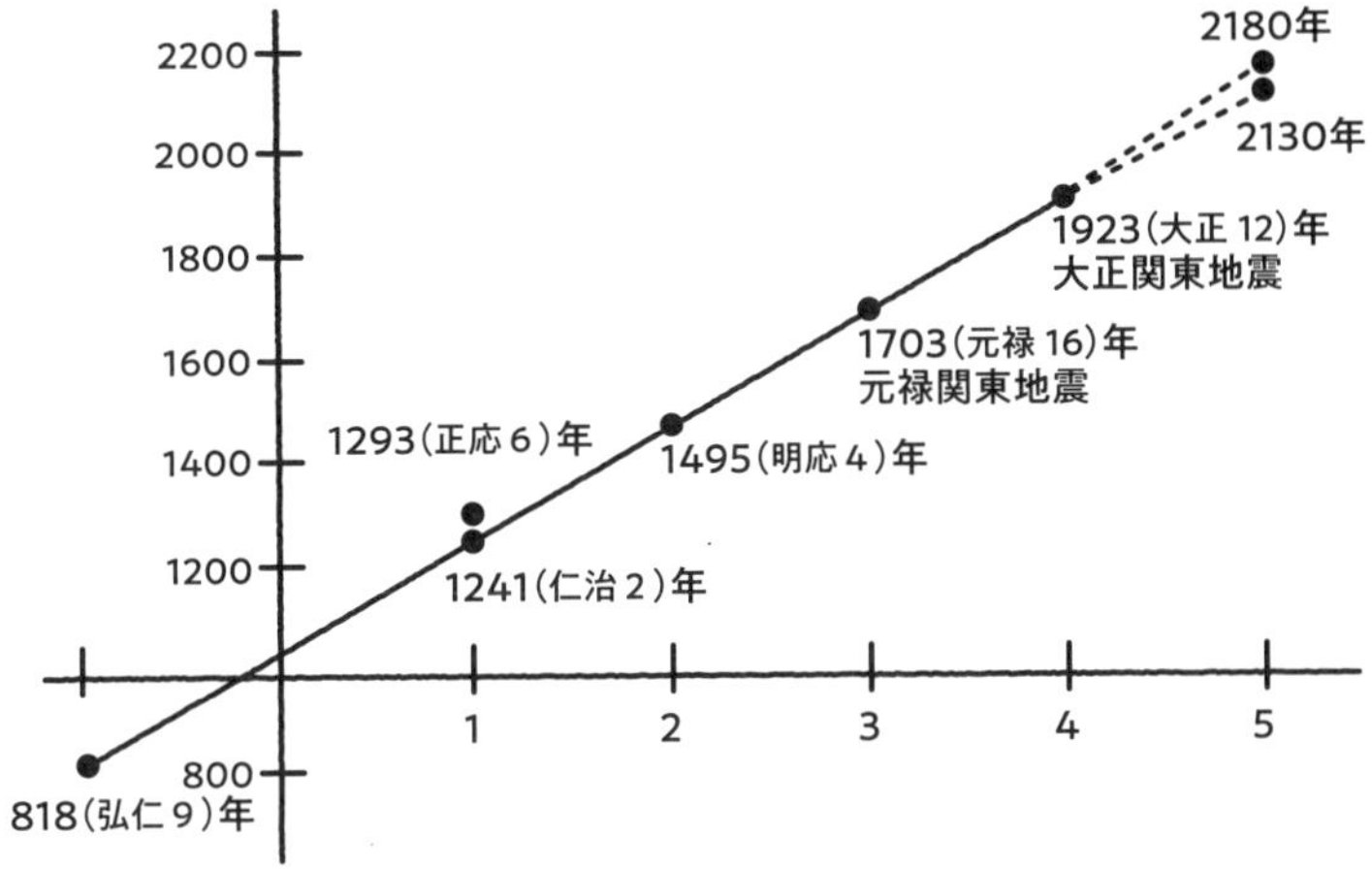

フィリピン海プレートの沈み込みによって200年以上の時間が経過すると、大地震を起こす最大の原因となる歪が蓄積した固着域（アスペリティ）が形成されていくのであろうが、推測の域を出ていない。「からくり」が未解明なのを承知のうえで、それぞれの地震の発生時期をプロットすると、ほぼ一直線上にのる（図3参照）。

それから推測すると、次の関東地震は2150年ごろの前後になる。もちろん数十年の誤差は含まれる。過去の発生間隔を考慮すれば、2130年〜2180年ぐらいの間に起こる可能性が高いと考えるのが良いだろう。

このように書くと、読者は50年、100年の誤差との関係をどう考えたらよいかと混乱されるだろう。本書では1つの目安として「2130年～2180年ごろの間に、次の関東地震の発生する可能性が高い」と理解されたい。

元禄、大正2つの関東地震の前後の地震活動から類推すると、首都圏では2050年ごろから少しずつ地震活動が活発になってくる。M6クラス以下の地震がほとんどであるが、時にはM7クラスの地震が起こるかもしれない。首都圏直下地震の発生である。すると震源付近では震度6強から震度7の揺れとなる。震度7でもすべての家屋が倒壊するわけではないが、耐震性の低い家屋には被害が出る可能性は高い。

またM6クラスの地震でも、ときには死者が出ることがある。そのほとんどは油断や慌てた結果である。

木造家屋の家で、倒壊の心配もないのに、慌てて外に飛び出し倒れてきたブロック塀の下敷きになったり、庭の石灯籠にしがみついたらその石灯籠が倒れて下敷きになりそれぞれ命を落とした例が21世紀になってからも発生している。いずれも家は無傷で、家の中にいれば起こらなかった事故である。また家の中で飛び出してきた本に埋まって命を落とした例が、やはり21世紀に入り2人出ている。

M7クラスの地震が発生しても「M9シンドローム」のワクチンの効果を持った人々、「抗震力」を持った人々が社会の中心になっていれば、震災は1855年の安政江戸地震や1894年の東京地震のような被害にはならないだろう。

また社会構造として「地震に成熟した社会」が構築されていれば、江戸時代、明治時代のような被害にはならないだろうし、そうあって欲しいと願う。そして次に関東地震が発生しても住民は大地震や巨大地震に対しても、十分に対処できる力を備えているだろう。外国ではM6クラスの地震でも多くの死者が出るのは珍しくない。21世紀に入ってからでもイタリアでM6クラスの地震で300人以上の死者が出た。「大きな地震は起きない」と発表していた地震学者が遺族から訴えられ、有罪判決が出た例がある。しかし、日本ではM6クラスばかりでなく、M7クラスの地震でも死者は極めて少なくなってきている。

2023年2月6日にトルコ南部、シリアとの国境付近で発生した地震は、まさに地震に弱い外国の典型例である。日本時間で6日10時17分（現地時間4時17分）ごろにM7・8、19時24分（13時24分）ごろにM7・5の地震が発生した。トルコ付近はマクロ的に見ればアフリカプレートとユーラシアプレートが相接する地域であるが、ミクロ的にはその間にエーゲ海プレート、トルコプレートさらにアラビアプレートなどが相接しており、地震活動が活発な地域であり、火山も点在している。

今回の地震はアナトリアプレートとアラビアプレートが接する東アナトリア断層とやや北に存在する枝分かれした断層上で発生している。最初の地震が本震、2番目は余震とする見方もあるが、2番目がM7・5と、最初の地震よりやや小さい程度なので、双発地震と呼べる。2016年の日本の熊本地震（気象庁の命名では『平成二十八年（二〇一六年）

熊本地震』）と類似している地震である。熊本地震よりはマグニチュードは大きいが、ともに横ズレの断層である。日本の国土地理院の発表ではトルコの地震は水平方向に片側それぞれが左に１ｍほど、合計２ｍのずれが２００㎞の長さで生じている。したって被害も広範囲に及んでいる。

最初の地震では何とか持ちこたえていた建造物が、二度目の地震による大揺れで完全に破壊され、柱が壊れすべての階の床と天井が重なるように垂直に潰れた「パンケーキクラッシュ」が発生したと報じられた。倒壊した建物が数千棟と報じられており、瓦礫が完全に整理されるまでは犠牲者の数も正確にはつかめない惨状である。地震発生から20日後で5万人を超える犠牲者数である。最終的には大正関東地震（死者約10万人、そのうち焼死者3万人）と同じ程度の犠牲者（6～7万人）になると予想できる。

現在のトルコの建物の地震への強度は１００年前の日本と同程度だったと見られるのである。

日本人の地震への対応が進化し続ければ、Ｍ８クラスの巨大地震でも、現在のＭ７クラスの地震程度に震災を軽減することは可能になろうし、そうなるように官民一体となって努力を続けるべきである。

巨大地震の発生を悲観的にばかりとらえる傾向が強いが、内外で起こった過去の地震を調べ、それぞれの地震への対応を考えることにより、巨大地震への恐怖も、限りなく小さくしてゆくことができると考えている。そうあって欲しいし、そうならなければならない。これから1世紀後に生きる日本人に対し、ぜひ「地震に成熟した社会」を構築し、来るべき関東地震に備えて欲しいと願う。

なお図3について補足しておく。これまでの図は1241年、1495年、1703年、1923年の4回の関東地震だけをプロットして、議論していた。その図に加え、818年の地震と1293年の地震もプロットした。818年の地震はほぼ直線の上に乗っている。すでに述べたように1241年の仁治関東地震の2つ前の関東地震の可能性は高い。ただし、この地震により相模、武蔵も被害はあったがその中心は現在の栃木県小山市付近と推定されている(萩原尊禮『古地震』東京大学出版会、1982年)。するとその後の関東地震の類には入らない。

ところが2023年7月、今村明恒先生の孫の英明氏に見せていただいた今村先生が作成されたアルバムに、房総半島先端付近で撮影されたと推定される崖の斜面の写真が存在した。崖の露岩には「33、818、1703」の数値が記入されている。この写真は房総半島先端付近の海岸段丘に対応する斜面の地層を写し、それぞれの数値はその地層に対応する関東地震を示したと推定される。すると818(弘仁9)年の地震では房総半島付近が隆起したことを示唆しているのではないかと考えられる。詳細な解析はこれからであるが、818年の地震は「弘仁関東地震」と呼べる可能性が高い地震であると推測される。

１２９３年の地震も、グラフの縦軸のスケールがこの程度だと誤差の範囲で収まるようだ。

事務局が文部科学省にある地震調査研究推進本部から出ている『地震がわかる！』には、この地震が相模トラフの地震としているが、１２４１年の地震は載せていない。西暦１０００年ごろに起こるべき地震が起きていないので、歪が蓄積していて２つの地震が続発したとも解釈できるが、いずれにしても想像の域を出ない。これから新しい史資料が出てくることもあまり期待はできないだろう。本書では事実だけを指摘しておく。

第4章
M9シンドローム

1・「想定外」に懲りて、超巨大地震を「想定」

1995年に阪神・淡路大震災（兵庫県南部地震、M7・3）が発生してから数年間、一部の研究者によって「西日本は地震の活動期に入った」と喧伝された。たしかにそれまで地震のほとんど起きていなかった西日本の各地で、2000年10月6日の「鳥取県西部地震」（M7・3）、2001年3月24日の「芸予地震」（M6・7）、2005年3月20日の「福岡県西方沖地震」（M7・0）などの地震が発生した。しかしそれ以上の数の地震が東日本でも発生していた。

そして2004年の「スマトラ島沖地震」（M9・0）でインド洋大津波が発生したころから、同じ研究者たちによって「大地震は切迫している」と表現されるようになった。

この「大地震切迫説」は東海地震、東南海地震、南海地震を念頭に置いたものであったが、研究者ばかりでなく防災の専門家を自認する人々も主張するようになり、その対象とする地震はかなりあいまいになった。

私はこの風潮は必ずしも良いことだとは思わなかったので、公式な討論の場で切迫を主張する人に質問したことはすでに第1章で述べた。そして2011年3月11日の後には

「大地震切迫説」を主張していた研究者も防災の専門家も同じような調子で「東北地方太平洋沖地震」(M9・0)について、「想定外」を連発したことも同様である。

「想定外」は研究者ばかりでなく、政府、自治体さらにメディアも同じように繰り返していた。政府はたしかに首都圏などで被害想定をする最大の地震をM8・4程度としていた。だから「想定外」と言い訳をしたのだろうが、少なくとも研究者はM9の地震の存在を知っていたはずだ。

M9クラスの地震はマグニチュード(M)に物理的な定義が与えられた1970年代後半から、検出されるようになった。そして地震記録のあるそれ以前の地震のマグニチュードが計算しなおされた。

M9クラスの超巨大地震は20世紀後半だけで4回起きている。1952年の「カムチャッカ地震」(M9・0)、1957年の「アリューシャンの地震」(アンドレアノフ地震、M9・1)、1960年の「チリ地震」(M9・5)、そして1964年の「アラスカ地震」(M9・2)である。いずれも環太平洋地震帯で発生している。2004年には環太平洋地震帯に接するインド洋に面した「スマトラ島沖地震」(M9・0)が起こり、インド洋津波が発生し、およそ20万人の犠牲者が出ている。

このインド洋津波で日本の研究者たちは目覚めた。日本では地震予知研究計画が発足した1965年以後は、環太平洋地震帯でもM9クラスの地震が起きなかったこともあり、超巨大地震についてはほとんど考えられていなかった。ところがスマトラ島沖地震の発生で、日本でも東海地震、南海地震などが連動すれば、M9クラスの地震の発生はありうると言われるようになった。

私自身も恥ずかしながらM9の地震について関心を持つようになったのは、この地震以来である。1000年に一度といわれるM9クラスの超巨大地震は、いずれは起こるだろうが、その時の悲惨さを考えると自分は直面したくないので、この世からいなくなってから起こって欲しい、起こるだろうと安易に考え、まさか自分が生きている間に日本で起こるとは考えたくなかったし、考える事を忌避していたようだ。したがって余計な心配をさせたり、不安を与えたりしてはいけないと考え、一般の人々への講演会でも言及することは控えていた。自身の不明を恥じ、反省すべき点であるし、自分自身の自然観を見る目を問い直している。

そんな背景があるので「大地震切迫説」を声高に主張していた研究者たちが、メディアに対し、東北地方太平洋沖地震をいとも簡単に「想定外の地震」という姿に接し、違和感を覚えた。同じ研究者としてとても恥ずかしかった。

「想定外」が一段落すると、続いて言われるようになったのが「最悪のシナリオ」である。これまた研究者ばかりでなく、政府、自治体、メディアがこぞって同じような論調で「最

図4　20世紀後半から今日までに起こったM9クラス超巨大地震の分布

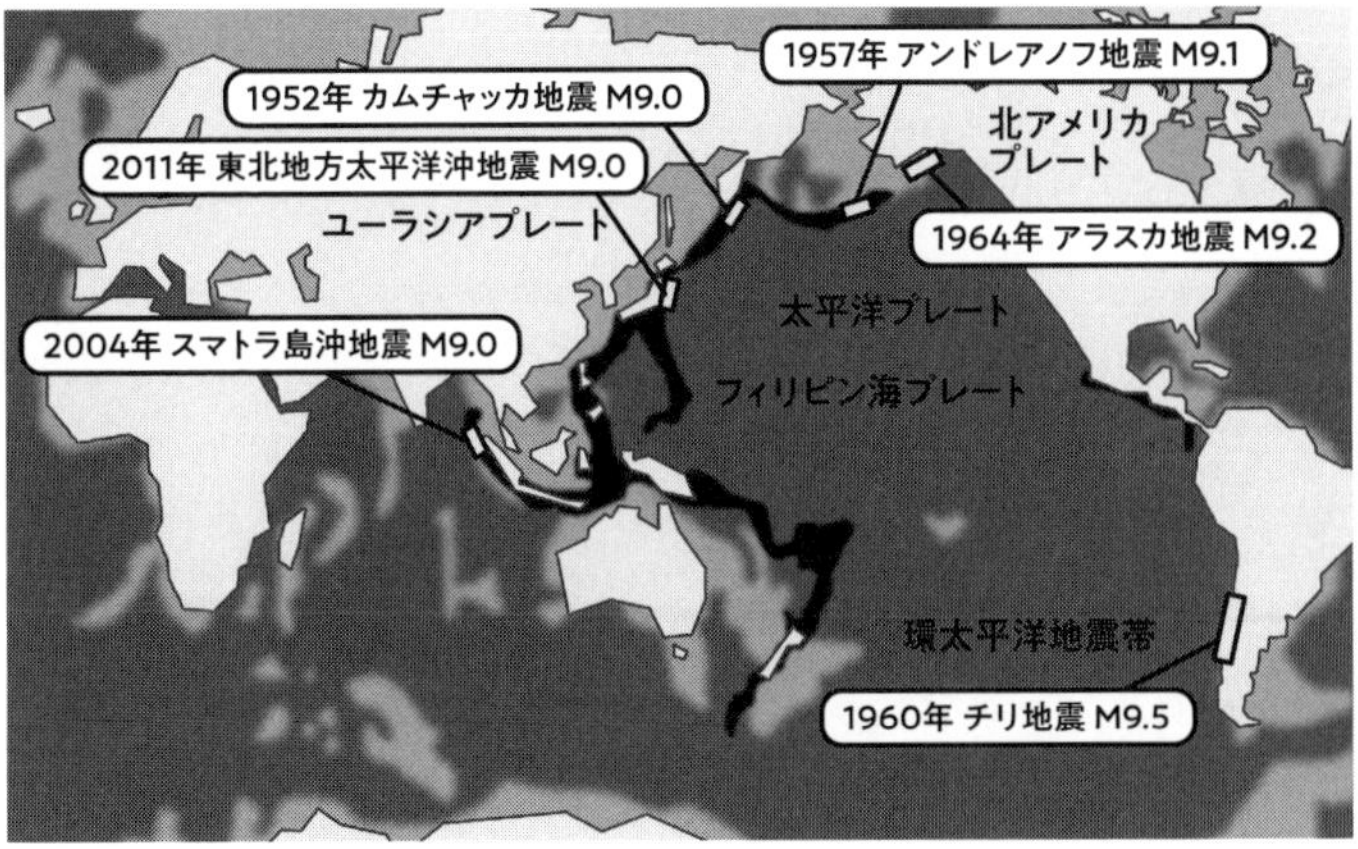

悪のシナリオ」を広報するようになった。「想定外」に懲りたのか、「最悪のシナリオ」さえ想定しておけば、自分たちの責任は果たせたと言わんばかりの論調、風潮である。

研究者は断層の中にいつ動いたかも分からない痕跡を発見し、「活断層発見」を叫び、近い将来再び動くかの如く解説する。メディアはその断層を明日にも動く（明日にも地震が起きる）可能性があると報道する。研究者は社会が注目してくれたことに満足し、メディアへの対応はますますエスカレートし、たいした成果でもないのに次々に新事実と称するものを発表する。なかにはほとんど考えられないような起こり方で超巨大地震を想定したり、巨大津波を想定し被害予測をしている。まさに「羹《あつもの》に懲《こ》りて膾《なます》を吹く」の例えのように、1000年どころか記録のありそうな過去1500年間をみても、一度も起こったことがなさそうな超巨大地震や大津波が、ごく近い将来発生するかの如き錯覚を与える論調で広報される。心ある研究者は、すぐに起こることではないとのコメントも付加するが、そのような情報はほとんど伝わらない。

私はこのような地震に対する風潮を「M9シンドローム（症候群）」と名付けた（拙著『首都圏の地震と神奈川』有隣新書、2012年）。東日本大震災の直後ばかりでなく、その発生から12年以上が経過した現在でも、この風潮はあり一種の病気にみえる。第0章2節に記述したNHKテレビの内容もその1つである。この風潮こそ「地震に成熟していない社会」の典型であろう。

「M9シンドローム」を提唱して以来、その内容、主旨を聞いた研究者たちは賛成してくれる。以下は東日本大震災発生から2年が経過したころの「M9シンドローム」について述べる。

2・過去にみる南海トラフ沿いの地震

駿河湾から西日本太平洋沖、さらには九州東方沖まで、深さ4000～6000mの海底には幅の広い窪みの地形がある。この窪みの地形を「トラフ」と呼ぶ。駿河湾付近の窪みを「駿河トラフ」、遠州灘から西の部分を「南海トラフ」と呼ぶ。トラフは「舟状海盆《しゅうじょうかいぼん》」ともいう。

東北地方太平洋沖地震は日本海溝沿いで発生している。海溝（トレンチ）は水深6000mを超える大洋底の細長い凹状の地形である。日本海溝やフィリピン海溝では水深が10000mを超す。

海溝もトラフも、海側のプレートが陸側のプレートの下に沈み込むことにより形成された地形である。ただ日本海溝から南へ続く伊豆－小笠原海溝、さらにその南のマリアナ海溝は、海洋プレートの太平洋プレートが、同じ海洋プレートのフィリピン海プレートの下への沈み込みにより形成されている。

駿河トラフ、南海トラフ沿いにはこれまで9回の巨大地震の発生が確認されている。その他にも遺跡や陸上の地層に残された地震の痕跡から、さらに1～2回、地震が起きていた可能性も指摘されている。

駿河トラフに起こる地震を東海地震、その西側の南海トラフ沿いに起こる地震を東南海地震、南海地震と呼ぶのが一般的である。しかし、過去に起こった東海地震と東南海地震もその区別は明瞭でない。実際にはこの2つは、起きたとしてもほとんど連動して発生していたようで1つの地震として感じられる。

南海トラフ沿いの記録に残る最古の地震（古文書に記録されている地震）は天武天皇の684年で「白鳳大地震」（M8¼）とも呼ばれる（『理科年表2023』では「天武天皇の南海・東海地震」）。歴史地震のマグニチュードは古文書から被害地域を決めて、それぞれの地域での震度を推定し、想定した被害地域の面積から求めている（図5参照）。

駿河トラフ、南海トラフ沿いに起こったこれまでの地震の発生間隔は90〜260年である。1600年代以降は、1605年の慶長地震、1707年の宝永地震、1854年の2つの安政地震、1944年と1946年の東南海地震と南海地震と、その発生間隔は90〜150年とそれ以前より短くなっている。これは1600年以前は記録がなく、大地震でも見落とされている可能性を示唆はしている。しかし、奈良時代以降の日本では大地震、巨大地震では必ずどこかに記録が残されているだろうから、記録がないことは地震が起きていなかった証拠とも考えられる。

この地域の巨大地震発生の特徴は、2つの地震が続いて起こることである。

古くは1096年12月17日（M8・0〜8・5）と1099年2月22日（M8・0〜8・3）とほぼ2年の間隔で起きた。また1854年12月23日の安政東海地震（M8・4）と12月24日の安政南海地震（M8・4）は30時間の時間間隔である。第0章2節で述べた「半割れ」のモデルはこの地震のようだ。同じく1605年2月3日の慶長地震はM7・9の地震が

図5　過去の東海・東南海・南海地震の震源域と発生時期

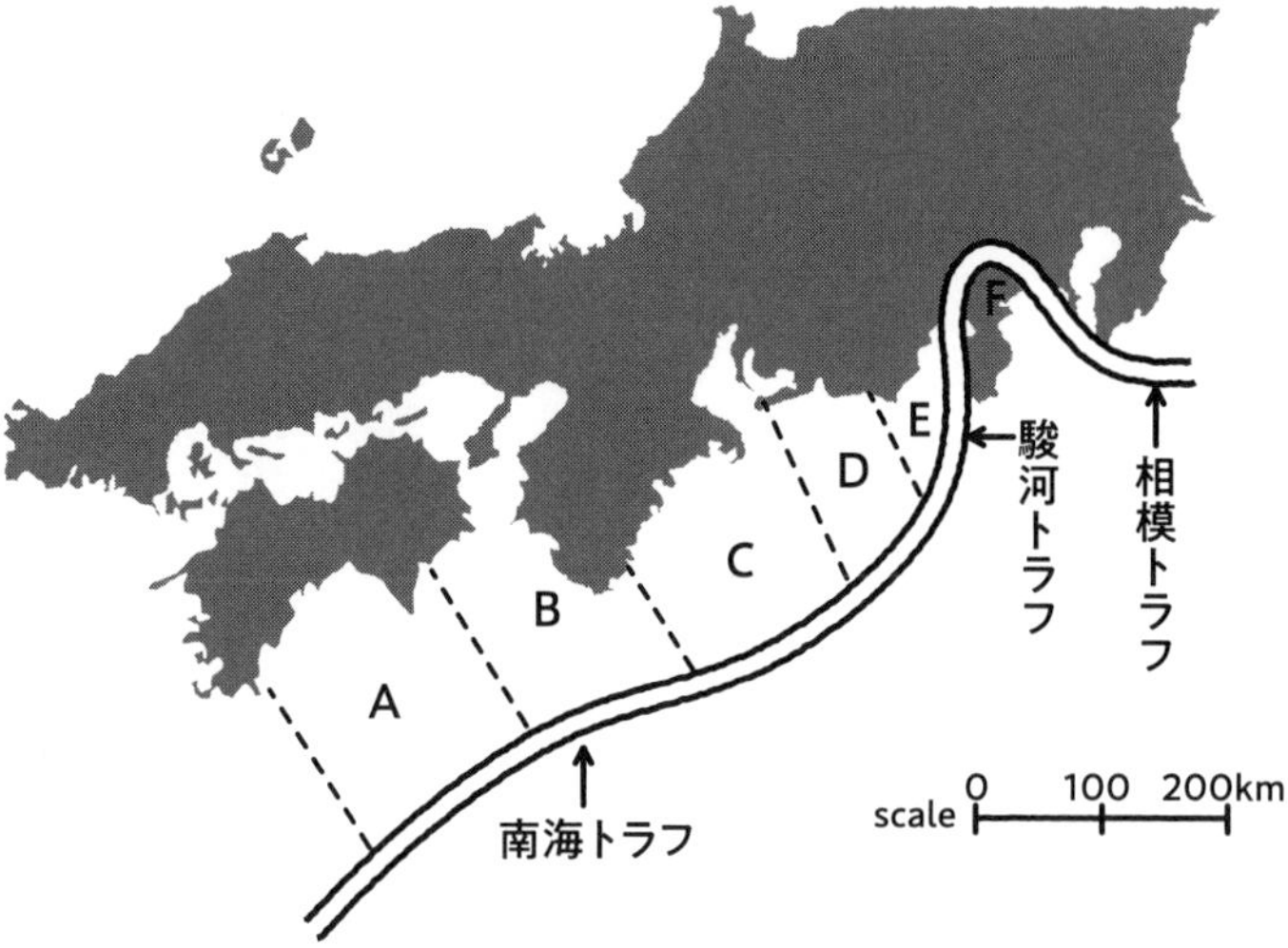

年代	A	B	C	D	E	F	M
天武	← 684年 →			?（不明）?			(8 ¼)
仁和	← 887年 →			?	?		(8.0~8.5)
康和	← 1099年 ------→			1096年 -----→			(8~8.3) (8~8.5)
正平	← 1361年 -----		(1360年) ?				(8 ¼~8.5) (7.5~8)
明応	?	?	← 1498年 →		?		(8.2 ~ 8.4)
慶長	← 1605年 ----------------------→						(7.9)
宝永	← 1707年 →						(8.4)
安政	←1854年(2)→		←1854年(1) →				(8.4) (8.4)
昭和	←1946年 → (南海地震)		←1944年 → (東南海地震)			(空白)	(8.0) (7.9)

2つ続けて起きたと推定されている。（『理科年表2023』では「慶長の南海房総沖地震」）その他にも続発したのではないかと考えられるケースがあるが、情報網の発達していなかった時代、たとえ2つの地震が起きていても、遠地では「1つの地震」の話になってしまっている可能性がある。

2つの地震の続発は、東北地方太平洋沖地震の発生以来、「連動する地震」として注目されている。地震の連動によってより大きな地震となり、震災も大きくなる。特に海洋域では震源域が拡大するので巨大津波の発生が心配される。このグループ最大の地震とされる1707年の宝永地震（M8・4）も2つの巨大地震がほぼ同時に起きた可能性が指摘され、連動した地震ではないかと推測されている。

3・M9・1「南海トラフ超巨大地震」への疑問

政府は南海トラフ沿いに発生する最大級の地震として、1707年の宝永地震（『理科年表2023』では「宝永の南海・東海地震」M8・6）クラスを想定し、2003年にはその

図6　南海トラフ沿いの超巨大地震の想定震源域

震源域を予測して、「想定震度分布」が作成されていた。東北地方太平洋沖地震の発生で、この地域の最大級の地震の見直しが行われた。その結果が2012年8月末に発表され、さらに2013年3月には被害額の想定が発表された。

その結果に世間は驚き、地震対策の責任を持つ各自治体はその大きさに困惑した。そして国民の多くが「M9シンドローム」に罹患してしまった。

政府によって2012年8月に発表された超巨大地震は「南海トラフ巨大地震」と称され、なぜかM9・1の地震を想定し、被害想定がなされた。最初からM9・1を前提にしているので、それならその地震の震源域はどの地域になるのかが想定された。

そして「各地でどんな揺れになり、どの程度の津波が襲来するか」を検討し、「それらの揺れや津波の襲来によってどんな被害が発生するか」の被害想定が作成された。

その結果、東海地方から西日本一帯の太平洋岸ばかりでなく、内陸地域でも壊滅的な被害になると報告された。高知県黒潮町では津波の襲来が、それまでの高さ10mから34mになり、この地震による全体の死者は32万人になるという。

これまで史上最大の死者数を出した1976年の中国・唐山地震（M7・8）の数が24万人であるから、その数の多さに驚かされた。内陸に起こった唐山地震に対し、南海トラフ沿いの地震の震源域は海洋域なのに、より多くの死者が想定されている。もちろん津波による死者が多数を占めている。

この数値が発表された直後、ある新聞記者から私に「予想される死者は32万人となっているが、40万人になると発表している先生がいますが、どう考えられますか」との取材電話があった。発表した人の名前を聞き、「その人はたしか政府の委員会の委員でしょう。議論の場で主張すべきを、結論が出てから個人的に発表するのは自己顕示欲の現れです。無視したほうが良いですよ」と回答した。それまでにもその人の発言は注目されるような自己宣伝が多かったので、私は不快に思っていた。このように確認をする記者は科学ジャーナリズムとして当たり前だが、専門家だからと言われた数字をそのまま垂れ流した新聞やテレビ局もあった。取材する記者の力量と学者、研究者のモラルが問われる問題でもある。

M9・1の地震の震源域は、宝永地震の震源域を参考に作成された2003年の想定をさらに拡大するように設定された。震源域の南側は駿河湾の富士川河口の駿河トラフから南海トラフ沿いに九州東岸沖まで延びている。富士川河口はフォッサマグナ、つまり太平洋側の富士川から日本海側の糸魚川に延びる北アメリカプレートとユーラシアプレートの境界の南端である。震源域がこの海洋域まで拡大されたので、津波の発生領域が拡大し、大きな津波発生が予測された。

震源域は西側が四国西部から豊後水道を含み九州東岸にまで拡大された。北側の震源域は太平洋岸の陸地をかすめる程度だったのが、四国全域、和歌山県、三重県のほぼ全域、伊勢湾を含む愛知県のほぼ半分から、静岡県のほぼ全域で、その北東端は山梨県である。この陸上域に広く震源域が拡大されたことにより、震害予測も増大した。

全体として震源域の大きさは東北東-西南西方向に750km、その直角方向では150~200kmである。この地震は上側のユーラシアプレートと下側の毎年数cmの速さで北上してきたフィリピン海プレートの境界面で発生する。フィリピン海プレートの沈み込みにより境界面に蓄積した歪が突然解放されることによって、上側のユーラシアプレートが大きく動く、地面の隆起や沈降、さらには伸縮という地殻変動が起こる。

しかし、この境界面（陸上に現れた境界面は断層面と呼ぶ）は全体が同じように破壊されるのではなく、固着域（アスペリティ）と呼ばれる領域での破壊が激しく、特に強い揺れを発生させる。この固着域を「強震動生成域」とも呼ぶ。予想されている震源域の上でも、固着域の上や近いところと、離れたところでは揺れ方が異なり、固着域付近では強い揺れで震害も大きくなる。

固着域は地震発生後、多くの観測点で観測された地震波を解析することによって初めて、その存在した地域が分かる。しかし、残念ながら、地震前にその存在を予測することは、現在の地震学ではまだできない。そこでこの地震による固着域を4つのパターンで仮定し、各地の震度分布が求められた。

津波に対しても同じような方法がとられた。震源域の海洋部分が津波の想定波源域ではあるが、その中でも海底での地殻変動（特に上下変動）が大きく、大きな津波の発生が予測される地域を「大すべり域」や「超大すべり域」として、11のパターンを設定し、それぞれについて津波の大きさを推定した。「固着域」が事前に推定できないのと同じように「すべり域」の位置も予測できない。

固着域の4パターンとすべり域の11パターンを組み合わせて、それぞれの場合の震度分布や津波の襲来図が作られた。その結果が2012年8月に発表されたのである。発表は計算されたすべてのケースを重ね合わせた結果の、各地の最大震度と最大津波の襲来予測である。この地震による各地の「最悪シナリオ」が示されたことになる。

南海トラフ沿いの巨大地震は、フィリピン海プレートがユーラシアプレートの下に沈み込み、その過程で固着域やすべり域が形成されて発生する。震源域はほとんど海岸に沿う海側から沿岸域だった。しかし、超巨大地震の推定震源域は内陸に数十㎞から100㎞も入り込んでいる。地下の岩盤が静岡県から四国まで完全な一枚岩ではないのだから、「最悪のシナリオ」の地震が起こるとは考えにくい。少なくとも過去1500年間には起きていない地震である。そんな無理をして超巨大地震を創造する必要があるのだろうか。


各地の最大震度は駿河湾、遠州灘、伊勢湾、熊野灘の沿岸地域、さらに和歌山県から徳島県の沿岸地域で震度6強から7となっている。特に高知県では足摺岬や室戸岬で震度7、そのほかの地域が震度6強と、県全域で強い揺れが想定されている。九州では宮崎県の一部が震度6強のほか、大分県の一部と宮崎県の全域が震度6弱と想定されている。

震度6弱は震度6強の地域の東側から北側一帯、伊豆半島から神奈川県西部、山梨県、長野県、岐阜県、滋賀県の一部を含み、奈良県、大阪府、淡路島、香川県、愛媛県のほぼ全域である。宮崎県を除く九州地方は全域で震度5強か弱、中国地方も日本海沿岸で震度4の地域があるが、ほぼ全域で震度5弱か強である。

神奈川県中部から東側の首都圏では全域で震度5強か弱で、震度4の地域は千葉県から茨城県、栃木県、福島県南部、新潟、富山、石川の各県である。

津波についてもそれぞれの最悪のケースが示され、高知県黒潮町の34mがその象徴的な数字になっている。各海岸へ襲来する津波の平均の高さが10mを超える地域は宮崎、高知、徳島、愛媛、和歌山、三重、静岡の各県と東京都の島部である。最大津波が30mを超えるのは高知県、静岡県、東京都の島部、20m以上の地域は愛媛、徳島、和歌山、三重、愛知の各県である。

九州地方は宮崎県のほか大分県、鹿児島県で最大10mの津波が予測されている。さらに沖縄県のほか西側の東シナ海に面する熊本県、長崎県、福岡県でも平均で3m、最大で4～5mである。瀬戸内海に面した地域でも、それぞれ平均で3～5m、最大で4～5mあるが、兵庫県では淡路島で9mが想定されている。神奈川県、千葉県でも平均7～8m、最大は10～11mとなっている。東京湾には最大3m、平均でも同程度、茨城県では平均3m、最大6mの津波の襲来が想定されている。

また地震発生後1mの津波が到達する時間では、高知県が2分、徳島県が6分、和歌山県が2分、三重県が4分、愛知県が9分、静岡県が2分となっている。これは海底のすべり地域が四国沖の場合には高知県に、東海沖だったら静岡県にほとんど瞬時に津波が襲来することを示している。そのほかの太平洋沿岸各地では十数分から30分ぐらいの間に津波の到達が予測されている。

瀬戸内海に面している兵庫県は39分、大阪府は59分と遅くなり、香川県、山口県、広島県、岡山県では1時間20分から3時間後の襲来となっている。東京湾も3時間を過ぎてからである。

発表では津波の高さばかりでなく、内陸への浸水も調べられた。たとえば海底の「大すべり域」が駿河湾から紀伊半島沖に存在して、大きな津波が発生した場合の静岡県では、静岡市や浜松市という人口の多い地域で、内陸まで浸水することが予測されている。このような場合には揺れを感じてから、津波の到達までの時間が数分と短いため避難行動を行う余裕もなく、静岡県内だけで9万5000人の死者が予測されている。全体での1m以上の浸水区域は約600㎢で面積が670㎢の琵琶湖の面積の90％にも匹敵する広大な地域が水没することになる。

建物の倒壊は揺れの大きさ、津波の襲来、液状化、急傾斜地の崩壊、火災などを考慮して求められている。その最悪ケースとして固着域は陸側にあり、四国沖から九州沖で大きな津波が発生し、8mの風が吹く冬の夕方に地震が起これば、238万6000棟の建物が全壊すると予測された。東日本大震災でも全壊棟数はおよそ13万棟であるから、その甚大さが理解されよう。そして全体の死者は32万3000人で、そのうち23万人が津波で、

8万2000人が建物の倒壊で命を失うと想定している。

死者の70%が津波によると想定されているが、これは「早期避難者の比率が低い」ことを前提に想定されている。「海岸付近で大揺れの地震を感じたらすぐ高台に逃げろ」が人々の間に浸透すれば、津波による死者は大幅に減少するであろう。

また死者の25%を占める倒壊建物による圧死も、家屋の耐震化が進めば大幅に減少することが期待される。もし防災対策と素早い避難が実行できれば、全体の死者数は6万1000人程度にまで減らすことができるとしている。1923年の関東大震災の死者は10万人で、そのうち焼死者が約3万人、地震による死者は7万人程度であるから、この地震は少なく見積もっても史上最大の被害をもたらした関東地震に匹敵し、もし対策がおろそかになれば、それをはるかに超える災害をもたらすことになる。

そして2013年3月、南海トラフでの巨大地震対策を検討する国の有識者会議は、M9・1の地震が起こると、最悪220兆3000億円の被害が出るとの想定を発表している。この金額は国内総生産（GDP）の42%、東日本大震災の10倍以上の規模となる。1兆円以上の直接被害額が算出されたのは2府16県で、愛知県の30兆7000億円をはじめ、静岡県、三重県、大阪府、さらに四国の愛媛県と高知県が10兆円を超えている。奈良県の3兆4000億円、滋賀県の1兆6000億円、岐阜県の1兆3000億円など内陸に位置する県でも1兆円を超えていて、震害の大きなことを示している。

この発表を受けて、各メディアは一斉に地震対策の必要性を報じ、対策により大幅な減災が期待されることを報じた。また地震発生時に起こることとその対策も報じている。たとえば平日正午に地震が発生した場合、外出先にいる人は中京と京阪神で計1060万人、当日中の帰宅困難者は中京で110万人、京阪神で270万人(朝日新聞東京版2013年3月19日付)となり合計380万人の帰宅困難者が出ると報じている。

このような政府の発表に対して、国民は何をどうしたらよいのか分からない。つまり政府、メディアが報じる地震や津波の被害とその対策をどこまで理解しているのだろうか、ほとんど自分の事として受け入れてはいないと思われる。そこで私が提唱したのが次章で述べる「抗震力」である。

このような巨大災害はいつ起こるか分からない。明日にも起こるような論調で報じられていても、実際は20年、30年後かもしれないし、50年後かもしれない。1970年代に「明日起きても不思議でないが、20年後かもしれない」と言われた東海地震も半世紀が経過した今日でも起きていない。

地震対策はゴールの無いマラソンである。「M9シンドローム」に罹患してしまった人は政府の発表にただ茫然としているかもしれない。しかし、慌てず騒がずどっしりと構えてできること、可能なことから、その対策を一歩一歩実現し続けることが肝要である。

しかし政府の発表の被害の余りの甚大さに、どこから手を付けてよいのか分からないのが実情のようだ。大枠は決まっても個々のことはなかなか実行できないようだ。私が感じるのは、それぞれの目指さなければいけないところが高いので、数年で満足な結果がでそうもなく、達成感が得られにくい。また心配する地震がなかなか起きなければ、なおのことその対策には力が入らなくなる。各自治体がどこまで長期的な視野で防災計画の実施を実行していくかは、日本国中の課題である。

政府は活断層があり海溝型地震が繰り返し発生していることに着目し、「地震発生可能性の長期評価」を発表している。この評価は統計的な手法なので過去のデータが多いほど精度が高くなる。ところが超巨大地震は、過去に例がないので評価できないと発表している。

正直な結果発表であるが、それならなぜ大々的に報じ、国民に不安を与えるのかと言いたくなる。過去1500年の歴史の中で一度も経験したことがなく、「長期評価」もできない事象をこれだけ大々的に宣伝することが必要なのか、疑問を禁じえない。典型的な「M9シンドローム」である。

M9・1の超巨大地震の予測を政府が出してから、2023年で10年が経過する。この10年間、被害想定を出された自治体がどのような対応をしているのか私は調べたことがないので分からないが、それぞれの地域の住民は機会があれば調べてみて欲しい。津波対策などは理解しやすいから、どの程度進んだか直ぐ分かるだろう。地震対策として私は個人と各自治体の役割があると書いたが、その自治体の役割がどの程度実行されているのか確認して欲しい。そして少なくとも個人としては「抗震力」を備えて欲しい。

4・あまりに無意味な、我が神奈川県の津波想定

「M9シンドローム」に罹患してしまった自治体として、私の住む神奈川県がある。神奈川県は相模湾奥の湘南海岸に襲来する津波予測を、それまでの6mから、鎌倉大仏の大仏殿が流された程度の大津波を想定し、被害を予測するようにとの知事の命令に従い、2011年5月に検討委員会を設置した。その結果が2012年3月に最高波高14・47mと示された。

それまでの最大波高6mの津波は大正関東地震で起こった津波から得た値である。ところが大仏殿が流されたとなれば17~18mの高さとなる。なぜそんな津波を想定しなければいけないのか。まさに大津波を想定しておけば「想定外」という言い訳をしなくて済む

からであろう。

すでに第2章で詳述したように、大仏殿が津波で流された史実はないのだ。史実にないことに基づいて、大津波の襲来を予測し、被害想定を作成する意図は理解できない。ただ住民に不安を与えるだけである。

たしかに関東地震が起きるたびに、鎌倉は津波に襲われてきた。逆に第3章で述べた4回の関東地震と1293年の地震以外は、鎌倉が大津波に襲われた記録は見当たらない。そして関東地震では4回とも津波の到達点はほとんど同じようで、現在のJR鎌倉駅付近から鶴岡八幡宮付近までである。鎌倉の海水浴場の由比ヶ浜、材木座海岸から鶴岡八幡宮に向かって、狭いながら平坦地が広がっている。この平坦地に津波が襲来し、被害が出ている。

湘南海岸では鎌倉のほかに小田原が海岸から内陸に平坦な地形が広がっていて、津波の被害を受けてきた地域である。しかし、鎌倉の七里ヶ浜海岸から藤沢、茅ケ崎、平塚、大磯にかけては海岸に並行して走る国道134号線がある。この国道のほとんどは浜堤の上に建設されていて、標高は8m以上である。しかもその両側にはほぼ20〜30mの幅で砂防林帯の松林が並んでいる。

湘南海岸の砂浜は狭く、しかも背後には標高8mほどの自然堤防が発達している。高さ8mぐらいまでの津波は、十分に防ぐことができるのである。だからこれまでの6m程度の津波では心配ないことになり、県民の多くは安心できる。

大正関東地震でも津波による流失家屋は当時の鎌倉町が77棟、真鶴村で55棟とこの2つの町村だけで被害を受けており、神奈川県全体での流失家屋は136棟を数えるだけである。小田原村の流失家屋は報告されていない。真鶴村は小田原村の南10kmに位置している。

藤沢の鵠沼海岸では西側の引地川を遡上した津波があふれ、一部の住宅が50cm程度浸水したが、家屋破壊の被害は出ていない。

以上のような状況を考えると、神奈川県では大きな津波が襲来すると推定される関東地震でも、相模湾沿岸に10mを超すような津波の心配はほとんどない。また、南海トラフ沿いの超巨大地震で「最悪のシナリオ」でも10m程度の津波が襲来する程度である。ただし、私はこの超巨大地震でも過去の例から考えれば、相模湾内の被害は三浦半島先端付近というような極めて限定的な地域だけだと考える。

そんな背景のもとで県が発表している波高14・47mという津波数値を、住民はどう解釈したらよいのだろうか。

この発表では学問は知っていても、自然現象を知らない人たちによる計算結果の発表であって、決して津波の高さの予測とは言えないのである。

浜辺で打ち寄せる波を見ていて、「この波の高さは1m11cm」などと分かるだろうか。

天気予報で毎日示されている波の高さですら、低いところでも50㎝きざみである。まして巨大津波の襲来を4桁の数値で示す必要は全くない。4桁の数字が出たのは計算結果だから当然であるが、それを住民に知らせるときに、そのまま4桁で示すのは、いかにもその数値が正しいように見せる錯覚を与えるだけである。

襲来する津波の高さを4桁の数値で示しても意味がないのだから、14・47ｍとの計算結果を得たら、住民には「最大15ｍの津波が襲来する可能性がある」と広報すれば十分であろう。

しかも最大波高15ｍ程度の津波では、もし大仏殿が現在の位置に実在していたとしても、柱の根元を浸す程度かそれ以下で、とても建物を壊す力はない。大仏殿を破壊し流失させる津波による被害想定にはならないのである。

このように神奈川県が東日本大震災後に実施した津波の想定はほとんど無意味であり、一部の住民に不安だけを与える結果となっている。「Ｍ9シンドローム」の典型である。

その後、この津波予測に対応するためか平塚海岸には展望台のような津波避難タワーと思われる施設が完成した。しかし新設された施設は海面からの高さが10ｍ程度で、とても14・47ｍの津波が襲来したら耐えられない高さである。

5・「地震を感じたらすぐ逃げろ」は真の対策か?

私は21世紀に入った10年間、機会あるごとに消防署職員の講演、特に地震に関する話を聞くようにしてきた。そして非常に気になっていたのは、地震の防災講演で、地震に関してはそれほど知識があるとは思えない消防署の職員が、講演の冒頭から「日本で地震がなぜ多いのか」などと話し始めることであった。

地震学にはまったく素人のはずだと思われるのに、地震の話から始めるのにまず驚いた。そしてあちこちで消防署職員の話を聞くと、そのパターンはほとんど同じである。もちろん地震に関しても、当たらずとも遠からずの内容であっても決して正確な話をしているわけではなかった。

そのいい加減さを不快に思っていたところ、東日本大震災が発生した。

その後も二度ほど消防署職員の話を聞いたが、これまたそのいい加減さに驚いた。消防署職員1人ひとりがM9シンドロームに罹患してしまったのか、それとも消防庁をはじめとする組織全体が罹患してしまったのか、非現実的な話を平気でしていて、それがまともと考えているようで恐ろしい。

私の体験にもとづいて、その例を紹介しよう。

私の住む神奈川県平塚市の集合住宅は海浜から300mほどのところにある。標高8mの国道134号線の内側であるが、建物の建つ土地の標高は6mと低くなっている。東日本大震災の感覚では、当然津波の危険地域である。住宅は市と津波避難建物の協定を結んでいる。

しかしすでに述べたように、南海トラフ沿いの地震でも、日本海溝沿いの地震でも相模湾内に10mを超す津波が襲来した記録は残っていない。またもし仮に、10mを超すような津波が襲来するとしても、その到来は地震発生から10分から数十分の時間的余裕はある。

また相模湾内の関東地震の場合には、これまでの経験から、その津波の最大波高は高くても8m以下である。直接津波が侵入してくる可能性はないに等しい。また予想を超えて134号線を越えたり、相模川河口から遡上し、溢流して浸水しても、破壊的な水勢はないし、侵入までに時間的な余裕もある。

ところが消防署の職員は、「大きな揺れを感じたらすぐ3階より高いところに避難しなさい」と言うのである。まったく土地の実情を理解していない発言である。仮に遠方の地震で津波が襲来したとしても、時間的余裕があるのだから、地震後ラジオやテレビから情報を得て、津波情報が発せられてからでも住宅の上の階に避難することは可能である。

元気な消防署職員は「逃げろ」と簡単に言うが、高齢者にとって1階分の階段を上がるのも容易でない人が少なくない。さらに、住宅住民の高齢者の割合は30〜40%程度である。車イスの人も何人か見かける。そんな人員構成の中で「地震を感じたらすぐ逃げろ」と言われても、逃げられない人にとっては、最初は職員の指示通りに動こうとするかもしれないが、回を重ねるごとにあきらめと、どうせ津波は来ないという自己判断で行動するようになるだろう。

住宅そのものはしっかりした耐震構造なので、直下型に近い関東地震でも耐えられる設計である。したがって私は部屋の中で地震に耐えていれば、揺れが収まればそれで安心、津波対策はテレビやラジオの情報を見てから考えればよいと思っている。

このようにM9シンドロームに罹患してしまった人たちは、津波対策として、とにかく「すぐ逃げろ」を連発する。それは海辺にいる人にとっては絶対に必要なことである。しかし、海辺から離れるにしたがって、その度合いは低くなる。津波避難ビルに住んでいる人にとっては、逃げる場所が上の階なら、津波情報が発せられてからでも、十分に逃げられる時間がある。周囲の地震環境も考えず、ただやみくもに「地震を感じたらすぐ逃げろ」を連発するのは、決して真の対策とは言えない。

消防でも不特定多数の人を対象とした一般の防災講演と、地震環境も分かっている特定の地域の住民を対象とした講演とは、その内容を分けるべきである。一般講演では「すぐ逃げろ」的な発言も仕方ない部分もあるだろう。しかしそれとて、実情を考慮したより親切な内容であるべきだ。さらに特定の地域なら、なおさらその地域の地震環境を考慮した、きめ細かな助言であるべきだろうが、私が聞いた範囲の講演会ではそれはなされていなかった。

6・津波をもたらす地震の実態

消防署職員がいくら「地震を感じたらすぐ逃げろ」と言っても、日本国民は津波の襲来は極めて少ないことを知っている。その実態を『理科年表』でみてみよう。平成25年度版理科年表の「日本付近のおもな被害地震年代表」によれば1900年から2012年までの113年間に地震139がリストアップされている。この中には双発地震、3連続の地震、群発地震などが含まれているから、実際の地震数はこれより多いが、話題になった地震は139と解釈して欲しい。この中には千島列島のウルップ地震やエトロフ島付近の地震も入っているが、それはそのままにしておく。またチリ地震津波に関しては記載があるが、この数には入っていない。

そしてこのうちチリ地震を除き45の地震で津波が発生している。この津波は最大波高50cm程度のものも含まれる。その80％が太平洋側に発生した地震で、日本海側に発生した地震で津波が発生したのは、1927年の「北丹後地震」（M7・3）、1930年の「男鹿地震」（M6・8）、1940年の「積丹半島沖地震」（M7・5）、1947年の北海道西方に起きた地震（M6・8）、1964年に秋田県沖に起きた地震（M6・5）、同じく「新潟地震」（M7・5）、1983年の「日本海中部地震」（M7・7）、1993年の「北海道南西沖地震」（M7・7）、2007年の「能登半島地震」（M6・7）、同年の「新潟県中越沖地震」（M6・8）の10回である。このうち死者や流失家屋を伴う被害が出た地震は日本海沿岸に北から南に1列に並ぶプレート境界に起きた4つの大地震によるもので、そのほかは津波の波高は50cm以下である。また北丹後地震や男鹿地震の震央は陸上に決められているが、小さな津波が発生した例である。

この中で北海道南西沖地震では地震直後に奥尻島に津波が襲来して大きな被害が出た。まさに海岸地域で地震の大きな揺れを感じたらすぐ逃げろの典型的な例である。奥尻島の一部地域では震災復興に際し、すべての住宅を高台に移した。

日本海中部地震では男鹿市加茂青砂海岸に遠足に来ていた山間の学校の小学生が津波に流され、13名が命を落とした。一行が海岸に到着しバスを降りたところで地震に遭遇した。

2人の引率教師は、地震が収まり10分間ほど様子をみていて、もう大丈夫だろうと海浜におり、弁当を広げた直後に3・5ｍの津波が襲来した。教師たちが地震に対しての対応を知っていれば防げた事故である。携帯電話が普及するはるか前の話ではあるが、バスにもラジオはついていただろう。なぜ教師たちはラジオから地震の情報を得ようとしなかったのか、ラジオを聞こうとする知識があったら悲劇は起こらなかったろう（拙著『あしたの地震学』青土社、2020年、156頁参照）。

東北地方から北海道の日本海側ではおよそ110年間で4回、津波による被害が発生している。その中で、地震発生直後に津波に襲われたのは北海道の奥尻島だけである。その他は少なくても10分以上の時間的余裕があった。

それに対して太平洋岸では1952年と2003年の「十勝沖地震」（M8・2と8・0）、1933年の「三陸沖地震」（M8・1）、2011年の「東北地方太平洋沖地震」（M9・0）、1923年の「関東地震」（M7・9）、1944年の「東南海地震」（M7・9）、1946年の「南海地震」（M8・0）と巨大地震が起こり、津波でも大きな被害が出ている。また根室沖や日向灘でもM7クラスの大地震が起こり、被害が出ている。

しかしこれらの地震の震央は海上にあり、関東地震の相模湾沿岸、東南海地震の紀伊半島沿岸、南海地震の高知県沿岸など、震源に近い地域を除いては、地震発生から津波の襲来まで少なくても10分以上、ほとんどは20分、30分の時間的余裕がある。

このような大地震、巨大地震への遭遇は、110年間で1~2回である。一方太平洋沿岸各地で地震を感ずる割合は、少なくとも1年に数回はあるだろう。もちろん2011年3月11日以来の東北地方は、発生から10年が経過してもまだ余震活動が続いているので、このような区分けには入らないが、それでも津波を伴うような地震が起これば、ラジオやテレビから情報を得てからの行動でも逃げる時間は十分にあるはずだ。

「地震を感じたらすぐ逃げろ」という助言に対し、地域住民はどうとらえるのだろうか。

私の助言は「本当に逃げなければいけない津波を発生させる地震は、100年に一度、50年に一度の珍しい出来事である。日頃から正しい知識を持って、いざというときに対処して欲しい」である。

首都圏の海岸ばかりではない。東海から近畿、四国、九州の太平洋沿岸、北海道から東北地方の沿岸、日本海沿岸の海岸付近に住む人々は、立っていられないほどの揺れの地震を感じたら、つまり震度6~7の地震を感じたら津波の危険がある。その揺れが収まり次第、日ごろから避難場所と決めてある高台に避難し、テレビやラジオからの情報を得るようにする。大津波の心配がなければ幸運だったのである。また、大揺れでなければ、まずテレビ・ラジオからの情報を得ることである。津波が予想される地震なら、少なくともNHKは必ず放送を続けている。

第5章
あなたの命を守る「抗震力」

1・「抗震力」とは何か

Ｍ９シンドロームに罹患してしまった日本列島では、政府も自治体も、また一部の研究者も、これまではほとんど予想すらしてこなかった「最悪の事態」を想定し、被災状況を予測し「最悪のシナリオ」を国民に広報し注意を促している。注意を促してはいても、では国民１人ひとりが何をどうすれば良いのかを少しも示していなかった。

ただ「30ｍの津波が襲来する」、「大地震が起これば大津波襲来の可能性があるからすぐ逃げろ」などと言われても、個人個人が実際にどう対応してよいのか「戸惑う」あるいは「分からない」人がほとんどではないだろうか。

私自身、海岸近くに住んでいるが、「地震を感じたらすぐ逃げろ」と言われても、「ハイ分かりました」とはすぐ言えない。東日本大震災の後とはいえ、いくら「逃げろ」と言われても、私が住む街が大津波に襲われる可能性は、歴史的な事実や過去の大地震の例からもほとんどないからである。

しかし２０１３年5月になって南海トラフ沿いの超巨大地震に対しては、各家庭で「事前防災」が必要で、食料や水の備蓄を、それまでの３日分から5～7日分用意するようにと発表された。３日分とか１週間分とかは言わず、どう備えるか、その具体的な対策の１

つとして、日ごろから日常生活の中で食料は余裕をもって準備しておくこと、ときどき「今地震が起きたらどうするか」を考えることなどを私は20世紀のうちにすでに示してある（『地震学者の個人的地震対策』三五館、1999年）。

「事前防災」という意味不明の言葉を使い、注意を喚起しているつもりなのだろうが、「防災」はすべて事前にしておくべきことだろう。こんなところにも政府のM9シンドロームへの罹患が現れている。

しかも理解できないのは震災が発生した後の対策ばかりで、被害を少なくする方法についてはほとんど述べられていない。住民が対策をしておけば32万人と予測されている死者数は大幅に減ると言いながら、その具体策は述べていない。述べているつもりかもしれないが、住民には伝わってこない。

政府、自治体、研究者たちは超巨大地震の発生を「想定外」と言わないために、「最悪のシナリオ」を描き、それに基づいて被害の想定をしている。それならば国民にその対策、震災や津波の被害を減らすために何をどうすべきかを具体的に知らせる必要がある。ただ単に「危ない」、「備えろ」だけでは無責任であり、「オオカミが来る、オオカミが来る」を繰り返し、人々を不安にさせた「オオカミ少年」と同じである。

地震研究者の末席に身を置いていた者として、その責任の一端を果たすべく、このM9シンドロームの風潮に対処する1つの方法として「抗震力」を提唱した（『首都圏の地震と神奈川』有隣新書、2012年）。抗震力は国民1人ひとりが不幸にして大地震に遭遇したとき、どう対処すべきかを理解している人がより成長するための目安にもなる。

国民1人ひとりが「地震に抗う力」を有し、たとえ超巨大地震に遭遇しても「生き延びられれば、次の展開もみえてくる。地球の営みである地震に対しては、あれこれ考えず生き延びられれば良し」という気持ち、考えを持つことが「抗震力」の原点である。そこには「人間は大自然の中で生かされている」という自然観が根底にある。

抗震力には地震に関する科学的な知識も、少しは必要である。抗震力に必要な地震学は次章で述べるが、地震に対する正しい科学的な知識を有することが、世の中に氾濫する多くの不確実な情報や噂にも対処でき、無用な心配をしなくて済む。「地震に成熟した社会」の1つの例である。

現在、日本では大地震発生の予測はいろいろな人によって発せられる。そのほとんどは信用するに値しない情報であるが、それを識別し、風評に惑わされず、メディアの発する地震情報に一喜一憂することなく、大地震に対処する力こそ「抗震力」である。

抗震力があればたとえ被災しても自力で対処できる「自助」の力があることでもある。とにかく自分自身が独力で大地震に対処してゆく力である。

これまでも「防災力」という言葉は使われてきた。「防災力」の定義は人により多少異なると思われるが、「地震に備える」ことも重要であるが、「被災後に十分な対処ができる」ことを重要視しているようである。したがって個人としては「食料や水の備蓄、防災グッズの準備」などが重要視されているようだ。しかし、より求められることは、被災地域のコミニュティとして被災状況下の困難をどのように乗り切っていくか、その力が「防災力」である。

個人個人の防災力も重要であるが、被災後はコミニュティ全体としてどのような備えがあり「共助」の体制ができているか、できるかが問われている。

抗震力と防災力には「個」と「社会」という違いとともに地震学の知識の有無も含まれている。抗震力では正しい地震学の知識も求められる。メディアの発するさまざまな情報、特に無責任な情報に対してはもちろん、ほとんど批判や論評されることなく発表される学者、研究者の個人的な研究成果を冷静に判断して分別、対処する力である。

抗震力が身についていれば、超巨大地震に対してもとにかく「生き延びる」ことができる。そして何より重要なのは、「大地震に遭遇した」とすると即「避難所に行く」という考え方への警鐘である。避難所の心配も必要ではあろう。しかし、自宅が多少は壊れたとしても潰れなければ避難所に行く必要はないのだ。避難所の事を考えるより、地震に耐える、壁にひびが入った、屋根瓦が全部落ちたというように、多少は被害があっても、潰れない家にしておけば、家の中にいて命を失うこともなく、地震後も自宅に住み続けられる。どの家庭でも冷蔵庫や食品置き場の食糧品を全部集めれば、家族が1週間や10日間は十分に生活できるだろう。自分の日常での地震環境を、地震に耐えられるようにするのが「抗震力」である。

2・抗震力のスコア化

抗震力として必要な事項を表1のようにまとめた。「抗震力」と言ってもその全体像はつかみにくい。特に地震対策は多岐にわたるので一口では表せない。したがって専門家として地震対策を問われると「地震は必ず起きるから備えなさい」という通り一遍の答え方をする人が圧倒的に多い。具体性には欠けるが「地震に備えろ」と言われると多くの人は、なんとなく納得していたのかもしれないが、私はこの風潮がすごく気になっていた。「備えろ」と言われて、何をどうするか人により様々だろうし、だから地震対策を考えたが具体的には何もしていないという人が圧倒的に多そうだということは、一般の人たちを相手にしたときの地震対策を啓発する講演などでの話し合いから感じ取っていた。

具体的なことをする人でも、食料の備蓄、防災グッズの購入、家具の固定などだが、これらのこともどこかで大地震が起こった直後は熱心だが、数年もすると忘却の彼方になっている。結局は一時的には地震対策に熱心になっても長続きはしないのである。

そこで表1のように具体的に考える事項を8項目とし、地震環境の項目だけは3つの細目を設けた。基本的には注意すべき項目をまとめただけであるが、これらの項目を時々考えることによって、地震に遭遇したらどのように対処するかを少しずつでも考え、とっさに出てくるように自分自身を鍛えておくのである。

鍛えると言っても体を動かすことではなく、考えるだけである。月に1回でも良いから家族とそれぞれの項目に関して話し合うのである。家族構成によってそれぞれの家庭で地震に遭遇した場合の対応が異なってくるだろう。

話を始めた時には乳飲み子だった子供が大地震が起きないうちに中学生、高校生になっていた。話を始めたころは家族会議を主導していた父親が、いつの間にか高齢者となり、いざというときには介助が必要になっていた。あるいは子供も成長し家を出て、気が付いたら年を取った自分たち夫婦だけが残され、老齢になった2人で、あるいは残された自分1人だけで、生き延びねばならない。書き出したらキリがないが、地震対策とはこのようにゴールの無いマラソンであるから、その状況は時間の経過とともに、変化するのである。だから一度決めればそれで良いという話にならない。毎日の、あるいは毎月の、あるいは

表1　抗震力のスコア化（合計得点7点以上で「抗震力がある」と認定する）

	項目		細目	得点	採点
1	シミュレーション	A	・時々、時間・場所を選ばず「今地震が起こったら、どうするべきか」を考えている。 高層ビルでは長周期地震動も考慮 （それによりイメージトレーニングがなされていく）	1	
2	無事に帰宅	A	通勤、通学、所用での外出時、自宅に戻る方法を考えている（帰宅困難に備えてイメージトレーニング）	1	
3	壊れても潰れない家	A	・戸建て住宅 ※定期的に耐震構造の検査をし、震度6~7に耐えられる。 ・鉄筋コンクリートの集合住宅…耐震構造が確認されている	1	
4	居間や寝室の安全確保	A	棚からの落下物、家具の転倒の心配はない	1	
5	家屋の地盤	A	・家は、河川敷、田んぼ、沼などの跡や盛り土の上に建ってない。 （液状化の可能性の有無の確認） ・付近に崖崩れ、山崩れの心配はない	1	
6	その他の地震環境	A	不安定なものはない。※屋根からの落下物、庭の石燈籠など	1	
		B	住居が地震による火災の危険はない。 ※地震を感知すると自動的に消える都市ガスを使用。 その他の地震環境 ※転倒すると消える石油ストーブを使用。 ※感震センサーを備えている。など	1	
		C	自宅周辺や通勤通学の道路の危険箇所は熟知しており、避難場所なども知っている。	1	
7	津波	A	・海浜にいる時 ※地震を感じたらすぐ近くの高いところに避難するつもりでいる。 ・津波避難ビルの存在を知っている。 ・海岸近くに住んでいる場合 ※どのような地震が起これば、津波襲来の可能性があるかを理解している	1	
8	正しい地震の知識	A	・地震の仕組みを理解している。 ※地震波には縦波と横波があり、その伝わり方の違いから「緊急地震情報」が発せられる。 ・大きな地震は同じ場所で繰り返し起こることを理解している。 ※太平洋岸では100-200年に一度、内陸から日本海側では数百年から1000年以上の間隔がある。 ・地域防災マップや全国地震動予測図などに目を通す	1	
合計得点					

表2　個人の防災力

項目	内容	最高得点
食糧	各家庭の日常生活の中で食糧は常に多少の余裕をもって準備しておく	2
水	・各家庭では飲料水12～24ℓ程度は準備しておく ・就寝前、日常使っているポットは満杯にしておく ・風呂の水は朝になってから捨てる	2
照明	懐中電灯やランタンおよびその電池の予備は準備しておく	1
火器	卓上コンロおよびそのガスボンベは予備も準備しておく	1
部屋	地震時、室内はガラスなどの散乱が予想される、厚手の靴下、スリッパ、軍手などを準備しておく	1
薬	常備薬、救急薬品など1カ所にまとめておく	1
便所	水洗式便所が使えない場合の対処を準備しておく	1
預貯金	貯金、印鑑、若干の現金はすぐに出るようにしておく	1
幼児	乳・幼児のいる家庭では子供用の衣服類などを数日分は用意しておく	1
採点方法	食糧、水についてはそれぞれ「自信あり」2点、「まあまあ」1点、「ダメ」で0点。その他は「はい」で1点、「ダメ」で0点。8点以上で合格。乳・幼児は別枠	

毎年の努力の積み重ねで、抗震力が形成される。

身についたものは忘れないというが、交通ルールと同じように、抗震力も身につけば生き延びる力は増してくることは間違いない。しかし、子供が成長して自分自身で身を守れるようになってくるのに反比例して自分は身体が動かなくなるのである。年々歳々の努力の積み重ねで、リスクが最小限に抑えられるであろう。

自分自身の達成感、習熟度を見るために、点数をつけてみた。たとえば第1項目のシュミュレーションは月に1～2回でも行えば1点と、各項目とも自己採点で良い。点をつけていく。合計7～8点を目安に始めて欲しい。慣れてきたら各項目を10点にして、合計100点満点で行うのも1つの方法であろう。とにかく始めて欲しい。

すでに述べたように南海トラフ沿いの超巨大地震への対策として、「事前防災」という言葉が使われだしたが、防災そのものが事前対策なのだから、意味不明の言葉である。地震に対処するには「抗震力」を身につけ生き延び、被災後の生活をなるべく支障のないようにするために「防災力」を高めると考えると理解しやすいのではなかろうか。

大地震に遭遇してインフラを含めてすべての機能が麻痺した場合に備えての防災力も表2にスコア化してみた。これも10点満点で採点することにしているが、乳児・幼児の項は別に考え、採点に含めないでおくのがよい。8点以上を「防災力がある」とする。この防災力の表は地震でも家は倒壊せず、そのまま住み続けることを前提にしている。抗震力が発揮されれば家の倒壊は免れるし、そのような対応ができる力である。
大地震に被災しすぐ避難所という発想は、ぜひ捨てて欲しい。

3・「今地震が起きたらどうする?」シミュレーション

地震への対応で最も大切なことは「今大揺れを感じたらどうする?」ということを時間も場所も選ばずに、ときどき考える事である。自宅で就寝中に、通勤途中の満員電車の中で、職場で、デパートの地下で買い物中に、海岸を散歩中になどその状況は千差万別であろう。

私自身、自宅にいるときに地震に遭遇した場合は、衣裳部屋というか物置のような納戸部屋が最も危険で、高い家具類がほとんど置いていない和室や居間、寝室は同じ程度に安全と考えている。トイレや風呂、洗面所も安全ではあるが家の中心なので窓がなく外との連絡ができないから、なるべく居間に逃げ込む必要があろう。居間に続く台所は作り付けの食器戸棚は開閉式の扉なので注意が必要、冷蔵庫は狭い場所に備えてはあるが揺れる方向によっては動き出すかもしれない、電子レンジ、トースターは棚から飛び出す可能性があるが、高さは目線より低いので、直撃を受けても一応は大丈夫と考えている。台所は居間に続いているのでとにかく、狭い空間から出て居間にいるのが良いだろう。

居間は一部が食事スペースになっているのでイスもテーブルもある。滑り止めはつけてあるが大揺れでは踊りだすだろうと覚悟している。

居間の壁には旅の記念に購入したプレートが何枚も飾ってあるが大揺れだと落下する可能性はある。なかには陶製のプレートもあるが、なるべく人の居る空間からは避けて飾ってある。天井の照明器具も作り付けで落下の心配はない。書斎スペースの机やキャスター付きのサイドテーブルも危ないかもしれない。背後の本棚は床と天井に止めてあり動かないし扉が付いているので、本が飛び出す心配がない。飾り棚からの落下物はあるかもしれない。東日本大震災では自宅に居なかったが、私の住む街は震度5弱だった。その時棚から落ちたのは何の受け皿もなくただ棚の上に置いておいた「王選手のサインボール1つ」だけであった。安定性の悪い品物はかなりあったが落下することもなく無傷だった。震度6や7の揺れでは、落下物は増えるだろうとは考えている。とにかくベランダという空間に続いているのが居間の特徴である。

居間と寝室にあるテレビは接着してあり、倒れることはないだろう。寝室、和室ともエアコン以外は落下物もなく、倒壊しそうな家具も置いてない。クローゼットの扉も地震の揺れでは開かないようになっているが、仮に開いても怪我をするような心配はない。それぞれの部屋には窓があるので外部との連絡も可能であるから安全な場所と考えている。

居間の反対側の玄関まで、室内の廊下を通って行き、玄関の扉を開けておくのがベストの対応と考えているが、それが可能かどうかは自分自身、自信がない。現状は建物全体が地震に弱くはないことは確かだと考えている。自宅で地震に遭遇したら居間や寝室で動かないのが一番だろう。

電車に乗っていたらどうするか。大揺れで脱線した満員電車に乗っていたら何が起こるか分からない部分がある。昼間ならともかく、周囲の状況が分かりにくい夜ならなおさらである。最近のＪＲでは停車中でも車内から外に出るのは容易ではないようだ。少なくとも20世紀の間は、ドアを開くことは簡単に分かるように表示されていた。しかし、現在は運転のコントロールセンターからの指示でなければ、たとえ車掌が必要性を感じても、乗客を車外に出すことは許されないらしいことが分る事態が２０２３年1月の大雪の時に京都で発生した。積雪で線路の切り替えが自動では出来なくなり、電車は停止し結局、乗客は10時間も車内に閉じ込められた。私が真っ先に心配したのは、その時、車内の乗客はトイレをどうしたのかであった。

報道によると車掌は乗客を降ろし、近くの駅まで誘導したいと進言したが運転センターは電車を動かすことを優先し、乗客の保護は後回しにした。結果的に乗客は混雑した車内に10時間も止められたのである。運転センターの担当者はどこで指令を出しているのか分からないが、とにかく無機な電車の運行を優先させ、生身の人間への配慮が全くないのである。実はこのＪＲの態度は、前々から感じていた。だから、大地震で電車が止まったらとにかく車外に出なければと考えていたが、現在はそれすらできないのである。

大地震が発生した場合には、車外では混乱が始まっている。車内で閉じ込められ飲み物が欲しくても10時間後に外に出されたら、自動販売機やコンビニではたとえ正常に稼働していても品物がなくなっている可能性がある。

実は抗震力を提唱して以来、私が答えを出せないでいることの1つが、電車に乗っていて大地震に遭遇した時の対応である。現在はほとんどの人が携帯電話などで、孤立した電車内でも情報は得やすくなっている。事故対応の時の車内の乗客への情報伝達がＪＲは極めて遅いので、車内放送がないうちに、乗客は大地震の発生を知るだろう。窓の外には倒れた家も見えるかもしれない。少し時間がたてば火災も発生しているかもしれない。そんな中で、車外の状況はおろか、閉じ込められている電車がいつ動くかも知らされず時間だけが過ぎていく有様を想像し、愕然としている。各電鉄会社の対応を知りたいと日ごろから考えている。

地下街では常に非常口に注意している。非常口から地上に飛び出すとかえって危険な場合があるかもしれない。その場所の安全を確認しながら地上に出る。揺れが収まったら地下街に居るより地上のほうがより安全で、危険にも対処しやすいと考えている。

映画館や劇場ではどうだろうか。東日本大震災では東京で大きなホールの天井が落下して死者が出ている。そんなことが現実に起きてはいるが、私はそこまでは心配しないことにしている。人の集まるそれぞれの施設は、必要な検査を受けたうえで運営されているのだからそれは信じることにしている。たとえば観劇の席が客席の中心付近だとしたら、天井が落下したらどうしようもないだろう。そんな建物でないことを願うのみである。天井への注意は照明器具の落下で、シャンデリアがあったら、落下した場合はどのあたりまで落ちそうか、自分はどこにいれば安全だろうかという程度のことは頭に入れている。

ここでも重要なことは非常口の確認である。非常口の確認とともに太い柱の確認もしておく。建物によっては柱の位置が分かりにくいかもしれないが、とにかく太そうな柱や強そうな壁面がどこにあるかは頭に入れておく。大揺れ中は劇場内でも動けないだろうが、とにかく落下物に気を付けながらも、強固な柱や壁を伝い、さらには非常口へと移動することを試みる。このときやはり気を付けなければならないのが他人の行動である。パニックになった人をどう落ち着かせるか、どう避けるか、慌てる人を落ち着かせるのは大変だから、なるべくそのような集団には入り込まないようにし、冷静に対応しようと考えている。

一般のビルでは強い壁（耐震壁）と太い柱は見分けやすいから、可能ならその近くに寄って揺れが収まるのを待つのがよい。耐震壁の識別は建築の知識のない人には難しいかもしれないが、太い柱はすぐ目に入るので確認し頭に入れておく。このように、自宅でも、職場でも、歩きながらでも、乗り物の中でも、時間と場所を選ばず「今地震が起きたらどうしたら生き延びられるか」を考えるように習慣付けて欲しい。

タワーマンションや超高層ビルに職場のある人は、理解しているであろうが一般には長周期地震動は知られていないだろう。高層建築ではユサユサと揺れる周期が数秒以上の地震波と共振して、揺れ幅が大きくなる現象が起こり、遠方で発生した地震でも大きな揺れが発生するので注意が必要だ。抗震力には多少の地震学の知識が必要と書いたが、この長周期地震動の理解などもその範疇に入る。超高層ビルの展望階に居て揺れを感じても、建物は潰れることはないと考えられるが振幅が大きくなり、室内に置かれた物品が大きく揺れ動くことがあるので、怪我をしないようにする注意は必要である。

エレベーターに乗っている時に地震を感じた時の注意は近年は度々テレビで報じられるようになった。

以上いろいろ述べてきたが同じようなことを、たまには家族でも話し合って欲しい。その過程で子供たちには世の中で弱者がいること、弱者を助ける事なども学ぶであろう。地震に遭遇した時のシミュレーションを通じ、社会全体がより高度な、地震に成熟した社会が構築されれば、その効果はさらに増大する。

とにかく考えるだけなら、費用は不用である。時間がある時には是非実行して、「地震で生き延びる力」を、各自で身に着けて欲しい。シミュレーションが抗震力の第1項目にした主旨も理解されるだろう。とにかく地震では「死ねない」、「死なない」が最終目的である。

4・無事に帰宅

抗震力にこの項目を加えたのは、都会では帰宅困難はときどき起こる問題で、近年は無視できない課題になってきているからで、それだけ人の移動が多いのだ。通勤、通学はもちろん、買い物、観光など外出する人は多い。その外出先で地震に遭遇したらどうなるのか。やはり時々は想像し、それぞれの状況が異なる家族の間で、話し合っておくことは是非やるべきことである。

帰宅困難の最大の原因は交通機関の途絶である。特に鉄道が動かなくなると、数時間での回復は望めなく、帰宅できない状態に陥る可能性がある。ターミナル駅周辺では帰宅困難者に付近の学校を休憩所として開放する計画のある所もあるようだ。

通勤通学でよく利用するターミナルならば、帰宅困難な状態が生じたらどんな対応をしてくれるのか、平常時に調べておくのがよい。

横浜駅はJRや地下鉄など5本の鉄道が走っている。もちろんバスのターミナル駅でもある。帰宅困難者が出た場合に備え、横浜駅東口や西口の共同防火防災管理協会などが「横浜駅周辺災害時帰宅支援マップ」を作成している。「横浜駅周辺拡大図」、「横浜駅周辺図」「広域図」の3種類の図を作り、それぞれに一時避難場所、海抜、津波浸水予想区域などが示されている。現在の概観からは分かりにくいが、横浜駅は海に面しているとみなされる立地である。各市町村も一時避難所は検討しているところは多く、事前に情報収集をしておくのがよい。

家庭での日ごろの会話が、外出に慣れていない子供や高齢者への助けにもなることを忘れてはならない。

5・たとえ壊れても潰れない家に

地震対策の第1歩は、多くの時間を過ごし、最も地震に遭遇する割合が多い場所である自宅が、地震で潰れないことである。家が潰れなければ、家屋の倒壊によって圧死すると

表3 陸羽地震と岩手宮城内陸地震の被害比較

	陸羽地震（1896年）	岩手宮城内陸地震（2008年）
M（マグニチュード）	7.2	7.2
全潰家屋（棟）	5792	30
半潰家屋（棟）	3045	146
焼失家屋（棟）	32	――
死者（人）	209	17
行方不明者（人）	――	6

いう悲劇も起こらない。避難所へ行く心配もない。

戸建ての家屋の場合、特に木造家屋なら10年に一度ぐらいの割合で耐震診断をして震度6強・弱や震度7の揺れにも耐える状態にしておくことである。大地震が発生し、大きな被害が出ると、その反省から建築の基準が改正され、地震の揺れに対してより強度な家が建てられるようになってきている。震度6強・弱や7だからと言ってすべての家が潰れるわけではない。

その1つの例を示す。

1896年8月31日に秋田・岩手の県境の奥羽山脈山麓で「陸羽地震」（M7・2）が起きた。この地震は1896年6月15日に発生した「明治三陸地震津波」（M8・2）に誘発された地震として、東日本大震災以後には話題になった地震である。川船断層、千屋断層の2つの断層が生じ、秋田・岩手両県で全壊家屋5792棟、死者209名の被害が発生している。

それから112年後の2008年6月14日、南東方向に50㎞ほど離れた奥羽山脈の東麓に「平成20年岩手・宮城内陸地震」（M7・2）が起こった。この地震による全壊家屋は30棟、半壊家屋146棟、死者17名、行方不明者6名であった。

この2つの地震はともに奥羽山脈の山間部で起きたマグニチュードも同じ地震である。厳密にはその震源域の地理的条件は同じとは言えないし、当然現在のほうが人口も増えているだろうが、その全壊家屋の数が桁違いに異なる点に注目したい。

2008年の全壊家屋は震動による倒壊ではなく、すべて山崩れや土石流によるもので、死者・行方不明者も同様であり、圧死者は1人も出ていない。これに対し陸羽地震では強い揺れによって家屋は倒壊し、その中で200名以上の人々が圧死したのである。

この事実は、日本では大地震の起こるたびに詳しい被害調査がなされ、建築への反省が繰り返され、その結果、全体に家屋の耐震化が進み、地震に強い家づくりがなされてきている。過去の地震に学んでいる成果である。規則通りに建築された家は震度7にも耐えることを理解しておくべきである。「多少は壊れても潰れない家に住む」ことが地震対策の第一歩である。

大正関東地震の報告で、神奈川県藤沢の鵠沼海岸にあった新築住宅は無傷で、隣の家は

兵庫県南部地震の下からの突き上げで「く」の字に曲がったアルミサッシの窓枠

完全につぶれた例が報告されている。阪神・淡路大震災でも私自身が、震度6〜7の地域で、完全につぶれた家の隣に外見は全く無傷の家が建っているのを複数軒目撃している。

逆に直下型の突き上げで新築の家のアルミサッシが「く」の字に曲がっている家もあった。

マンションと呼ばれる鉄筋コンクリート造りの集合住宅も同じである。規則通りに設計され、施工されていれば震度7にも耐えられる。自分の居住している住宅がどの程度の強度を有しているかは知っておくべきだ。新しく購入する場合は特に注意して建物を選ぶべきである。

21世紀の初頭、建築費用を安くするために意図的に建築基準を無視した設計が行われたマンションが建設され、社会問題になったことがあった。このような悪質な例を別にすれば、マンションの耐震構造も大きく進歩している。

2023年のトルコ地震では数階建てのビルで各階すべてがつぶれる「パンケーキクラシュ」と呼ばれる壊れ方をした建物が数多く出て、死者が増える原因にもなった。建築基準を守らない建物が多いと報じられた。

6・居間や寝室の安全確保

1日の生活の中で多くの時間を過ごすであろう居間や寝室で地震に遭遇する割合が多いだろう。したがって可能な限りそのような部屋には棚を作らず、落下物がないように、また家具の転倒や移動が起こらないように備えをし、注意することが肝要である。

家具の壁面への固定を実行している家庭は少なくないようだが、首都圏では東海地震発生説が出た1970年代の固定では、半世紀近くが経過し、老朽化していたり、壁面が弱く強い揺れには耐えられないなど、問題も少なくない。再度の点検が必要である。

少なくとも寝室には背の高い家具は置かないことである。
テレビの転倒や家具の移動、転倒防止には耐震マットが開発されている。粘着性のあるマットで特に技術を必要とせずに取り付けられる。私自身、家具売り場で耐震マットを見つけて使うようになったのだが、後日、これを発明された方の知己を得た。その方は防災などには全く素人で、無関係だったのが、阪神・淡路大震災で親友を失い、一念発起して、耐震マットを発明するに至った。この耐震マットで固定しておけば、テレビや背の低いたんすなどは震度７でも倒れない。

信用のおける品物であるが、耐久性の劣る類似品もかなりの種類が出回っている。防災用の品々は使用期間が長くなるので、すべてにおいて信頼のおける商品を使うようにするのが望ましい。そうすることが結局は安上がりであり、自分や家族を守る信頼性も増すのである。

棚からの落下物に関しては寝室はもちろん、子供が昼寝をするような部屋でも注意すべきである。棚はないほうがよいが、あっても重量物は絶対に置くべきでない。

各部屋の箪笥のような背の高い家具にも転倒防止を心掛けておくべきである。転倒防止の商品もいろいろ開発されているが、あまり華奢な商品は大揺れには耐えられないようだ。天井と箪笥の上面との間には、空の段ボール箱などを詰めるように置き、面的に広く物が詰まっている状態にすることが必要である。

震度5強か6の揺れで、本箱から飛び出した本に埋もれて亡くなった人がいる。本もときには凶器になるのだ。本箱、本棚の転倒防止はもちろんだが、本が散乱しないように扉のついている本箱を使いたい。そしてその扉も地震の揺れで開いてしまわないように、きちんとしたストッパーが付いているものが望ましい。

7・絶対に屋根瓦を使わなかった父

私の父は12歳の時に関東大震災に現在の横浜市戸塚区内で遭遇した。その時、庭先に屋根瓦が霰のように落下していた恐怖はトラウマになったようで、長じても頭から離れなかった。たまにそのときの恐ろしさを話してくれたていた。三度ほど家を新築したが屋根瓦は絶対に使わなかった。

沖縄や九州地方では台風時の強風に耐える目的で、瓦屋根が多いが、台風と地震、どちらも自然の驚異である。瓦屋根の家に住んでいる人は、地震に際し安易に外に飛び出さないように、日ごろから心がけておくべきである。瓦が落ちても家が倒れなければ外に飛び出す必要もない。

大正関東地震当時、文部省の建物は瓦屋根の木造だった。瓦が全部落下したが建物は無事だった。ところが夜になり発生していた火災が延焼してきて、瓦が落ちてむき出しになった木造の屋根裏に火が付き、全焼してしまった。当時文部省内に事務局を置いていた地震研究組織の震災予防調査会は、所有していたすべての史資料や観測機器が灰になってしまった。

ブロック塀の倒壊　少ない鉄筋では役に立たないことを示している
（兵庫県南部地震・神戸市内）

家にいれば無事だったのに、あわてて外に飛び出て落下してきた瓦が頭に当たり大けがをしたり、命を落とした例は少なくない。

庭に飛び出し石灯篭にしがみついたが、その石灯籠が倒れ下敷きになり命を落とした例もある。またブロック塀が倒れ下敷きになった例もよく聞く。特にブロックの中に鉄筋が入っていいない場合は倒れやすい。鉄筋の割合によっては入っていても役に立たない場合がある。

一般には木造の2階建て住宅は、たとえ潰れても1階部分であって、2階部分はそのまま残る。ところが2階で地震を感じあわてて階段から逃げようとして転倒、転げ落ちて大けがをしたり命を落とした例も少なくない。

いずれも家は壊れないのに地震であわてて飛び出した結果である。このような例は最大震度5、M6程度の地震で起こり、それぞれ1~2名の死者として、数少ない犠牲者が発生した例となっている。震度6や7の大揺れでは、逆に揺れているときはほとんど動けないので、このような事故は少ないようだ。

きちんと施工され建造されている家は簡単には潰れないので、地震が起きても家の中、特に安全を確保してある部屋に居るほうが無傷でいられる。戸建ての家の玄関やトイレは床面積に比して柱が多いので安全性が高いことも理解しておくべきである。

8・周辺の地盤・山崩れ・がけ崩れ

地震環境①

1964年に起こったアラスカ地震（M9・2）の後、現地では断層に沿う付近一帯の地価は急落した。正確な数字は忘れたが1km四方の土地が数ドル、そのときの円とドルの為替相場にもよるが数百円程度の価値しかなくなった。

日本でも活断層の存在は、土地や建物を売買する不動産業者にとっては、重大な問題である。しかし、国土の狭い日本では活断層があっても土地の価格はアラスカの例のようには下落していないようだ。

たしかに活断層は地震の巣、あるいは地震の親であることは間違いない。しかしその地震の発生間隔は、最も活発な断層でも数百年、多くの場合千年から数千年の間隔である。より長い時間間隔の活断層のほうが多いのである。

原発稼働の議論の中で、活断層の有無が大問題になっている。一部の学者は活断層の存在を強硬に主張し、その危険性を訴える。活断層の上には原発を建設しないという規則があるためではあるが、あまり「活断層だ」と連呼されると、その議論はむなしく聞こえてくる。

原発問題で議論するときの活断層の定義は「過去12～13万年間に動いた断層」から「過

去40万年間に動いた断層」とさらに厳しくなったようだ。どちらにしても人間の寿命感覚からは、はるか昔の話である。昔どころか日本人の祖先が、その活断層のある日本列島に住み着く前の話である。その断層が次にいつ頃動くかは誰にも分からない。

原発問題では、「活断層だからこれから30～40年以内に大地震が起こる可能性があるので危険だ」ということになる。しかし、30万～40万年前に動いた断層が、これから数十年以内に再び動くことが「ある」というより「ない」といったほうが、はるかに高い確率で当たるだろう。

「過去に動いたことがあるから危ない」だから「原発を稼働させるな」、「造るな」では、日本列島内では原発が建設可能な場所はほとんどない。活断層とはいっても、その断層がわれわれが生きている今後数十年あるいは100年以内に活動する可能性は限りなくゼロに近いと考えて、間違いではないだろう。ただ絶対に起こらないと言えないことも事実である。地球のこの営みをどうとらえて原発ばかりでなく、一般建築物や住宅を建てるかは、まさに1人ひとりの自然観の問題である。

チリの友人に活断層も研究対象としている地質学者がいる。首都のサンチャゴ市内に住んでいるが、彼の豪邸の前に活断層が走っている。誰の目にも分かるような活断層の地形であるが、立派な家の並ぶ高級住宅地である。彼は「この断層の活動時期はいつになるか分からないが、ずっと先の事だろう」と平然としている。活断層とはそんなものである。

論理学では常に「最悪の事態を想定して対策を立てろ」という。ギリシャで発達した論理学であるが、彼ら人間の生きる寿命の中で「最悪」を考えていたのだろうと思う。「最悪のシナリオ」を地球の寿命で考えなければならない「活断層の動き」は論理学に新しい問題提起をしているような気がする。

活断層の有無よりも私が最も注意するのはその土地の履歴である。過去に河川敷だったか否か、田んぼや湖沼地帯でなかったかなどは調べておく必要がある。確かめる１つの方法は明治時代の地形図を見ることである。

日本では国土の地図作成作業は明治時代に現在の国土地理院によって始まった。各地方にある国土地理院の出先機関では縮尺５万分の１程度の古い地図を見ることができ、コピーを買うこともできる。

明治時代に河川敷、田んぼ、湖沼あるいは池だった地域は大地震が起こればほぼ確実に液状化現象が起こる。東日本大震災では震源地域から４００km、５００kmと離れた埼玉県や千葉県、神奈川県でも液状化により住宅の傾き、土地の陥没などが起こりより大きな被害が出たことは記憶に新しい。

阪神・淡路大震災でも神戸の中心部の山手通り沿いで大きな建物がことごとく被害を受けた。現在では市の幹線道路になっているが、実は市内を流れる生田川の改修前の流路だったからである。

開発されて20年も経過すれば原形を留めず、人々の記憶にもほとんど残らず、安全な土地のように見えてしまう。しかし、地震は１００年前、２００年前の姿で被害をもたらすのである。

だがそのような土地に住んでしまったらどうしたらよいのだろうか。少なくとも１９９６年以降の新築の家は木造家屋でも土台全体が鉄筋コンクリートで造られるようになったのでより強度のある建物に仕上がっているはずだ。近年は液状化対策も可能になってきている。可能なら耐震診断を10年に一度程度の割合でやっておくことが肝要であろう。

山の斜面を新しく切り開いて宅地造成をした地域も注意が必要である。「切り土」と呼ばれる斜面を削り取って平らにした土地は強固であるが、削り取った土を盛って平坦にした「盛り土」の土地が地震に弱いことは多くの地震で経験済みである。

周辺での山崩れ、崖崩れの可能性も注意しておく必要がある。沢筋に建つ家は山崩れや崖崩れによって発生する土石流の被害も受けやすい。

崩れた土砂によってダム湖が形成されることも念頭に置く必要がある。山間地でダム湖が出現すれば、自治体はすぐ対応を始めるだろうが、ダムが決壊した場合、自宅が洪水の被害にあう可能性があるか否か、情報を収集しておくことが重要である。

ダム湖の形成から決壊までは時間的な余裕があることが多いので、自治体からの情報に注意して対応すればよい。ただ地震でも洪水の被害が起こることは念頭に入れておいて欲しい。

プレート境界にある日本では、日本列島全体が地震の活動地帯といっても過言ではない。そんな国土に住んでいる私たちは、その運命を甘受せざるを得ない。安全な場所の少ない狭い国土に住んでいても、日本人は縄文時代、弥生時代から今日まで、その自然の脅威に耐えて現在の繁栄した社会を築き上げているのである。悲観的に考えず、しかし楽観的にもならず、それなりの備えをすれば大地震にも十分対応できることを理解しておくことである。

9・火災の危険

地震環境②

「地震を感じたら火を消せ」は、地震発生に際しての1つの格言であり、重要な教訓でもあり、対処方法とされてきた。

その起源はおそらく1855年の「安政江戸地震」(M7・0)であろうと私は想像して

いる。この地震で江戸では30余カ所から火災が発生し、焼失面積は合計2・2㎢に達した。1923年の大正関東地震では死者は10万人で、そのうち3万人以上が焼死するという史上最悪の被害が出た。ちなみに「地震、雷、火事、親父」と怖いものの順番を表した俗諺は、安政江戸地震を経験した江戸っ子が言い出したのではないかと想像している。

日本ではせっかく地震の揺れに耐えても、その後に火災が発生し、破壊を免れた家屋が燃えて命も失うことが少なくなかった。自ずと先の教訓が現在でも消防署の職員による地震防災の講演では、相変わらず同じ様な事が言われている。

しかし、大地震による被災体験者がその実体験を語るようになると、多くの人々が震度6や7の揺れでは、巷で言われていた火を消す行動などはできないことが分ってきた。

一方都市部では、ある一定以上の揺れを検知したらガス供給が自動的に停止するシステムが、各ガス供給会社によってほぼ完成している。ガス供給会社での供給自動停止とともに、それぞれ個々の家庭の元栓も、ある揺れ以上が検知されれば、自動的に閉鎖されるシステムが完成されているようである。都市ガスを使用している家庭では、自分の家のガス供給システムがどのようになっているかを調べ、いざというときの対処方法とその復旧方法とを頭に入れておくべきである。

近年、暖房用の石油ストーブも進歩し、転倒すると自動的に消える器具が一般的になりつつある。

電気での調理や暖房の家庭も増えている。地震発生で送電が停止されるから、調理中でもあわてる必要はない。しかし、送電が再開された後、電線のショートなどによって、火災が発生するケースがある。

特にコンセント類では差し込み付近にほこりが溜まり、火花が着火して火災になるという事例が出ている。

私は大地震に遭遇したら、自宅内のコンセント類をできるだけ引き抜き、使用をするとき再び差し込むようにしようと心がけている。

10・周辺の道路など

地震環境③

自宅や職場周辺の地震環境も頭に入れておかなければならない。危険は頭上からも両側からもやってくる。被災後、避難所や広域避難場所に行くような場合、周辺の道路は十分な幅があるのか、道路の両側からの倒壊物、落下物がある可能性も考えておく。電線は道路上を通っているのか、電柱に変圧器のような重量物が載っている場所はどこか。揺れを避け電柱にしがみついたのに頭上からの落下物があったのでは命も落としかねない。道路周辺での十分な注意が必要である。

狭い道では両側からの倒壊物への注意が必要で、ここでも倒れてきたブロック塀の下敷きになったり、落下してきた看板が当たったりして怪我をしたり、亡くなったりする例は多い。ブロック塀の倒壊例は1978年の「宮城県沖地震」(M7・4)で指摘されて以来、何回も指摘され続けていたが、2018年の大阪府北部の地震(M6・1)でも学校のブロック塀が倒れ児童が死亡した。日ごろから周辺道路の状況や避難場所への道路の状況を頭に入れておくことが望ましい。

自宅や職場が地震に耐える構造になっていれば、揺れている最中に外に飛び出す必要もないことを、改めて肝に銘じておいて欲しい。

車の通る道路では車に対する注意も必要である。歩道、車道のある道路なら地震の揺れでハンドルを切り損ねた車が歩道にまで飛び込むこともあるだろう。白線だけでレーンが区切られている道路では車にぶつけられることは十分に考えられる。地震に関連しての自動車による人身事故も注意しておかねばならない。狭い道路では自宅に車が飛び込むこともありうる。

自動車を運転中に揺れを感じたらすぐ停車する、できれば道路の左側に寄せてすぐ停止するよう、常に心掛けておくべきである。コントロールの利かなくなった車はまさに凶器である。

東日本大震災では震源から600㎞以上離れている神奈川県で、地震によって発生した停電のため信号機が稼働していない交差点で、死亡事故が発生している。大地震では遠方でも、影響があることを示している。

火災の発生は大揺れの収まった後である。大火災となれば広域避難所へ逃げなければならないこともあろう。その避難経路はなるべく広い道路を使うよう日ごろから確認しておくのが得策である。狭い道路は倒壊物でふさがれている場合もあろうし、その道路を通過中に余震に遭遇する可能性もある。もちろん避難は徒歩である。車の使用は道路の渋滞と火災の延焼を引き起こす可能性がある。大正関東地震では避難民が大八車やリヤカーに荷物を載せて避難した。その荷物に火が付き火災が延焼し、被服廠跡では広場での火災の原因になった。

避難に際しては車を使わないが大原則である。東日本大震災では津波から逃げるのに車を利用した例が数多く報告されていた。しかし、車での避難は道路の渋滞をひき起こし、結局救助などの障害になることは阪神・淡路大震災でも実証されている。

11・津波の心配

Ｍ９シンドロームに罹患した日本列島では、地震の起こるたびに大津波が発生し、襲来するような錯覚に陥っているとすら思える。「理科年表」に掲載されているような多少なりとも被害を伴う地震の総数に対し、数十cm程度の津波を含めても、津波が発生した地震は全体の３分の１以下である。津波のほとんどは海洋域で発生した地震によって励起される。日本列島では平均すると２〜３年に一度のぐらいの割合で、波の高さが50cm程度以上の津波が発生した地震が起きている。

三陸海岸地域は津波に襲われる回数は過去にも多かったが、小さな津波まで入れても10年に一度発生するか否かという程度である。太平洋沿岸地域に比較して日本海側が津波に襲われた回数ははるかに少ない。

相模湾に面する湘南海岸は、海に面した地域としては津波の被害は極めて少ないといえる。最も新しい津波が１９２３年の関東大震災である。その後、津波が襲来することがあったかも知れないが、潮位計には記録されても、人間が識別できるような高さではなく、被害もなかった。

そんな地域でも東日本大震災以来、消防署の職員の話を聞くと、必ず「地震を感じたらすぐ高いところに避難しろ」を繰り返す。私の住む集合住宅では、すでに書いたように「すぐ3階以上に避難しろ」と言われた。

地震に関して正しい知識のない職員に、一般市民への広報をさせるのもおかしいが、それ以前に消防関係者内部で正しい知識を共有するようにすべきである。

海岸付近の集合住宅の居住者に対し、地震を感じたらすぐ3階より上に逃げろなどという指導は、健常者にはそれでよいかもしれないが、少なくとも高齢者や障害のある人にとっては無意味な運動をさせられる、無理難題に近い要求である。

波打ち際に居て地震を感じたらなるべく高台に避難するのは鉄則である。少なくとも標高が5～6m以上の場所にいて欲しい。それ以上の大津波が襲来するときは地震を感じてから10分、20分あるいはそれ以上の時間的ゆとりがある。自分自身でラジオやスマホ、テレビなどを通して、地震情報を聞き、津波の有無を確認する。何も放送していなければ、「揺れを感じた地震は津波を起こすような大きな地震ではなかった」と判断できる。大地震ならラジオやテレビで津波の情報が次々に発せられるだろうから、地震や津波の情報を確認してから、より安全な場所へと移動すればよい。

湘南海岸を例にとれば、海辺から100mぐらい内陸にある国道134号線が1つの目安になる。とりあえず標高8mあるこの道路付近まで逃げて様子を見る。そしてそれ以上の大きな津波が予想されたら、陸側に逃げることになる。しかし、これまで鎌倉海岸や小田原海岸を除く湘南海岸ではそんな大きな津波は記録されていない。

また近年は湘南海岸には高台近くに展望台的な津波避難タワーが建設されている。数十名しか登れないが、避難場所の1つである。

海辺近くのビルの中には「津波避難ビル」に指定されている建物がある。自分の行動範囲でどこに津波避難ビルが存在しているかを、平常時から確認しておくことを勧めたい。私の街では、「津波避難ビル」の標識は出入り口近くに小さく表示されているだけである。居住地域の防災マップでその存在を確認しておくのも1つの方法である。

抗震力の津波への知識としては、どの海辺に居ても「地震を感じたらとにかくなるべく高い場所に逃げて様子を見る」ことが大原則である。この知識と実行力があれば津波からは生き延びられる。海辺から200~300m離れていれば、地震を感じたらすぐテレビやラジオ、スマホなどで情報を得るようにする。何も放送していなければ大きな津波の心配はないと考えてよい。

12・地震の知識

「地震を感じて1分過ぎたら安全」という格言、伝承がある。なぜそう言えるのか。地震の揺れにはタテ波とヨコ波がある。タテ波はP波、ヨコ波はS波という。Pは「プライマリ（最初の意）」のP、Sは「セカンダリ（2番目の意）」のS、いずれも英語やドイツ語に語源がある。

地下で地震が発生すると、必ずタテ波とヨコ波が発生する。これは岩盤のような硬い物質（弾性体）が壊れると、必ず発生する波である。2つの波は同時に発生し、四方八方に伝わっていくが、タテ波はヨコ波よりその伝わる速さが約1・7倍速い。そこで遠方に伝わるに従いヨコ波の到着が遅くなる。

地震を感じる時、最初はカタカタというような軽い小さな揺れを感じ、少し時間を置いてユサユサという揺れになる。この最初のカタカタがタテ波の到着、ユサユサはヨコ波の到着である。このタテ波の到着からヨコ波の到着までの時間を初期微動継続時間と呼ぶ。初期微動継続時間はS波の到着時間からP波の到着時間を引いた値でP－S時間（あるいはS－P時間）と呼ぶ。このP－S時間を秒単位で表した数値を8倍すると、自分の位置から起こった地震の震源までのおおよその距離になる

一般的には地震による被害はヨコ波のユサユサの揺れで起こる。タテ波の地震を感じたら時計を見る、そして60秒が経過しても、大揺れがなく被害が発生していなければ、その地震で被害が起きることはないので安心となる。

震源付近から伝わるタテ波の速さは毎秒7〜8㎞、ヨコ波は4〜4・5㎞程度である。タテ波が到着してからヨコ波が到着するまで60秒ということは、発生した地震が自分の居るところから約480㎞遠方で発生したことを示している。関東大震災ではおよそ500㎞離れている京都や大阪では震度2程度の揺れは感じたが被害は発生していない。たとえ大きな地震であっても遠方で起きた地震ならば、自分の地域は大丈夫と安心要素が得られる。

ヨコ波の到着が1分以上後なら、震源は更に遠方であるから心配はない、逆に60秒までの間にヨコ波が到着していたとしても、被害が発生していないのだから、その地震は自分の地域では被害をもたらす大きさの地震ではないと判断できる。

地震のタテ波、ヨコ波を知るのは地震学の第一歩である。難しく考えず、実体験で理解しておけば、地震に遭遇しても冷静に対処できるだろう。抗震力で「正しい地震の知識」と推奨するのはこの程度の話であるから気軽に対処されたい。

第6章

「抗震力」のための地震学

1・地震に関する用語

地下の岩盤の中で突然、破壊が生じ、その破壊によって岩盤は振動する。発生した振動は破壊点から四方八方へと伝わっていく。地表に達した振動は地面を揺り動かす。私たちはその地面の振動を地震として感ずる。この岩盤の中で起きた一連の現象が「地震」であり、ここで「振動」は「震動」と表現される。そして伝わる波を「地震波」と呼ぶ。

破壊が起きた場所、つまり地震波が発生した領域を「震源」と呼び、地表面（つまり地球表面）の震源の真上を「震央」と言い、震央付近一帯を「震源地」と呼ぶ。一般に震源は点ではなく、3次元的な立体の広がりを有する。広がりの領域を「震源域」という呼び方をする。破壊が始まり地震波が発生した時間を「発震時」という。

自分が地震を感じた地点から震源や震央までの距離をそれぞれ「震源距離」、「震央距離」と呼ぶ。地表面（震央）から震源までの距離が「震源の深さ」である。発生する地震の90％以上はその深さが100kmより浅いので、遠方で起こった地震の多くは震源距離と震央距離はほとんど同じである。

固い岩盤の破壊によって発生する地震波は、物理学の用語では「弾性波」と呼ばれる。岩盤は弾性体だからである。弾性体は力を加えて変形させてもその形が元に戻る性質であ

図7　地震波の形

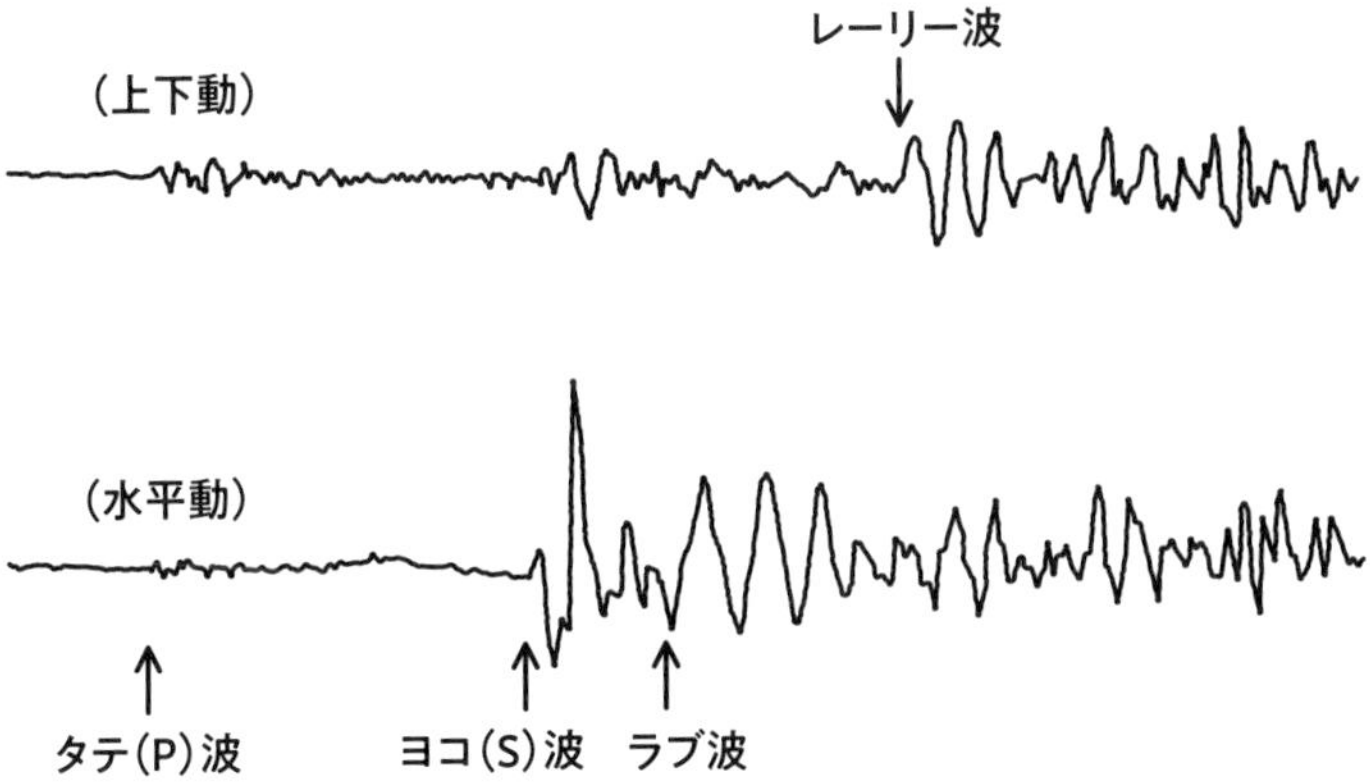

る。よく例に出されるのがゴムひもで、ゴムひもは引っ張って伸ばしても、引っ張るのをやめると元に戻る。物質のこのような性質を弾性と呼ぶ。

弾性波には「疎密波」と「ねじれ波」の2種類がある。その揺れ方から疎密波は「タテ波（P波）」、ねじれ波は「ヨコ波（S波）」である。

すでに述べたように、岩盤中を伝わるタテ波の速さはヨコ波の速さより速い。遠方で起きた地震を注意していると、まずカタカタと小さな揺れを感ずることが多い。「地震かな？」と注意しているとそのうちユサユサと横揺れが始まり「やはり地震だった」と実感することがある。地震に親しむ意味で、ぜひこのカタカタ（あるいは「グラ」）とユサユサが実感できるように、

図8　地震の深さと震源距離・震央距離

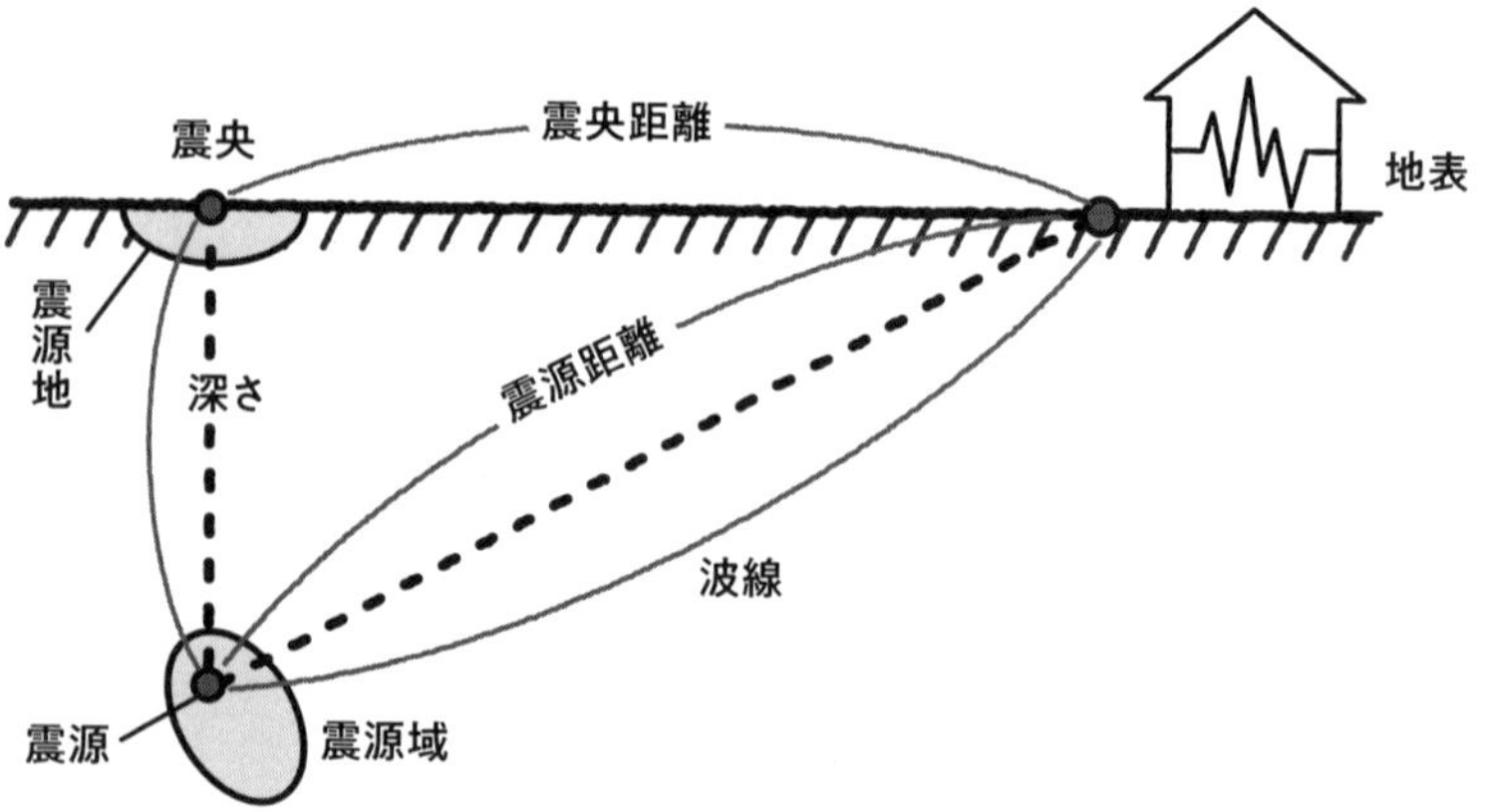

地震を感じるたびに注意されたい。タテ波の到達時間からヨコ波の到達時間までが「初期微動継続時間」で、その秒単位の時間を8倍するとおおよその震源距離になることもすでに前節で述べた。

地球の内部構造は大きく分けて「地殻」「マントル」「核」の3つの領域から構成されている。地殻は地球の表面を卵の殻のように覆う厚さが5〜50㎞ほどの層である。マントルは地殻の下から深さ2900㎞までの層で、ゆで卵の白身部分に相当する。その内側の地球の中心が核で、卵の黄身に相当する。卵と異なる点は黄身は1つの球体だが、地球の核はさらに「外核」と「内核」に分かれる。地球の中心から半径1250㎞までの球体が内核、その外側のマントルまでの2200㎞の層が外核である。地球

図9　地球の内部構造

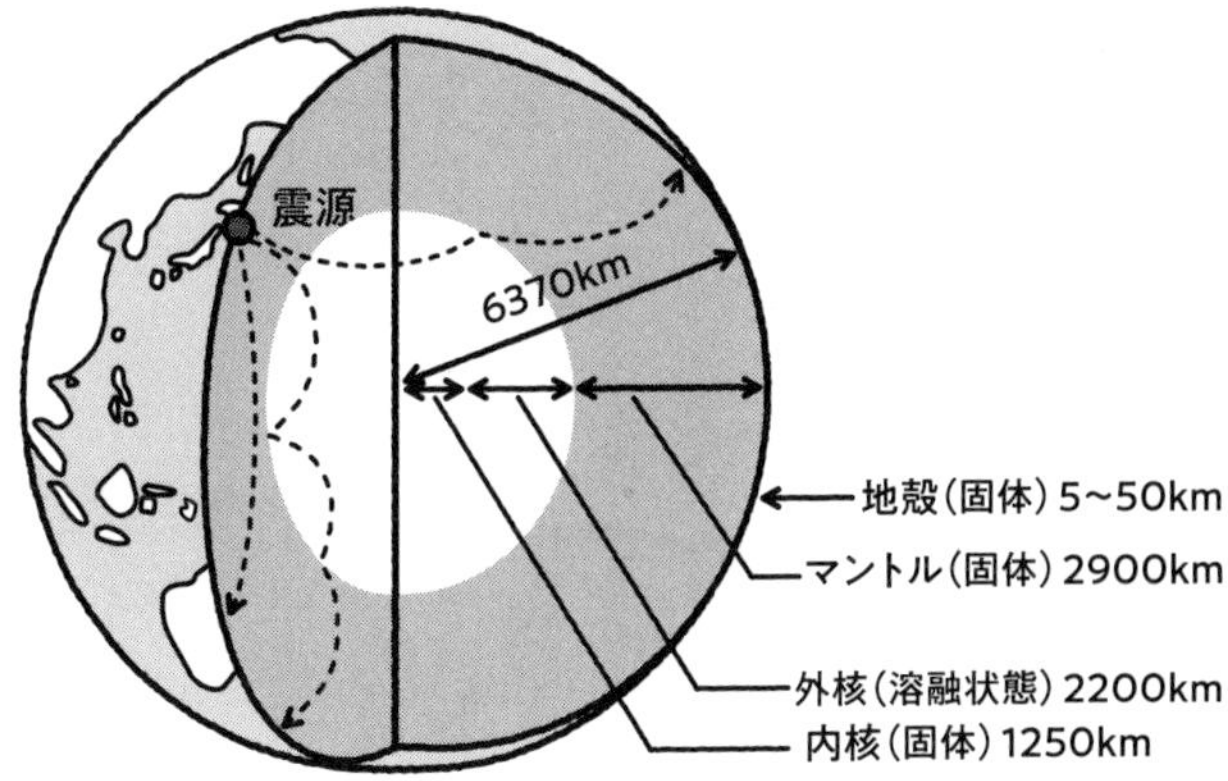

の中心は高温高圧であるが内核は固体、外核は地震波のうちタテ波しか通過しないので溶融状態と考えられている。

2・あまり役立たない「緊急地震速報」

地球内部を地震波が伝わる速さは深くなる、つまり地球の中心に近くなるほど速くなるが、地表付近ではタテ波は1秒間に7〜8㎞、ヨコ波は4〜4・5㎞程度である。地震波の伝搬速度はその層を構成する岩石によっても異なる。

したがって地震が発生すると、震源の真上、震央付近にはタテ波がまず到着するが、その揺れ方は下から突き上げるような力が働く。アルミサッシの窓枠など上下に押しつぶされるように曲がってしまう(169頁写真参照)。典型的な直下型地震となる。

震源から少し離れればタテ波とヨコ波が十分に分離して到着するから、カタカタとユサユサというような揺れを感じるようになる。そこで気象庁は数カ所の観測点で観測されたタテ波の到着時間やその揺れの大きさから、どんなタイプの地震がどこで起き、そのマグニチュードはどのくらいかを素早く計算する。マグニチュードが決まれば大地震かどうかの判断がなされ、各地の震度が求められ、ヨコ波が到着し震度4あるいは震度5の揺れが予想される地域があれば、「緊急地震速報」として発信される。

したがって緊急地震速報とは地震が発生してから出されるものだから、震源付近では役立たない情報であることをまず理解されたい。震源を取り囲むように地震観測点があれば、地震の震源や発震時、マグニチュード、津波の有無など、その地震のタイプは10秒ぐらいのうちには決まり速報が出せる。すると地震発生から15秒ぐらいまでには震源から100km以上離れた地域に居る人々は速報が出たことを知ることができる。速報が出てからユサユサの大揺れの前に減災行動をとって欲しいというのが「緊急地震速報」の目的である。

震源から100km離れると震源域より震度が1は小さくなる可能性があるから、その地点の家屋の倒壊などの割合が低くなる。したがって速報は使用中の火を消したり、交通機関などで電車を急停車させたり、バスを止めたりするには役立つかもしれないが、家屋が倒壊するような地域で、避難するということには役立たない。そのような場合には速報が出る前にヨコ波が到達して、ユサユサの大揺れが始まっているからである。

緊急地震速報は震源の近くではたとえ被害が発生したとしても、全く役に立たない情報であることを理解しなければならない。

仮に震源が海上の場合は陸上にある数点の観測点までタテ波が到達するのに時間がかかるから、震源やマグニチュードが決まるのも遅くなる、したがってヨコ波の到達速報も遅くなる。ただし大揺れの予想が届く領域は震源からかなり離れることになるから、家屋の倒壊などはあまり起こらない地域である。

このように緊急地震速報の内容をよく理解しておき、どのように利用するかは個々の考え方次第である。私自身はこのシステムはあまり役立たないものと考えている。テレビ画面で速報が出て大揺れになると予想された地域になっていても、じっと待つだけである。大揺れが来るかもしれないと心の準備をして待てる可能性があることが利点かもしれないが、システムが導入されてから何回か緊急地震速報を受信したが、一度も大揺れを経験したことがない。大きな地震が起きなかったことではあるが、震源に近い地域では情報発信前、あるいは情報受信前に被害が発生している。世の中にどれだけ役に立つ情報か疑問に思っている。とにかく緊急地震速報は、地震が発生し、その震源やマグニチュードを決めてから出される情報であることを理解しておいて欲しい。

緊急地震速報を役に立たない情報と記したが、その考え方は1880年、御雇教師たちの呼びかけで組織された地震学会の発会式の基調講演で、すでに示されている。イギリスから来日していたジョン・ミルンが基調講演で地震学の目的として地震予知とともに、地震が発生した場合にタテ波でその地震の大きさなどを判断し、ヨコ波到達の前に広報できれば減災につながると述べている。その基調講演から100年以上が経過して、その考えは実行に移されたが、現実はミルンの考えた通りにはなっていない。

3・長周期地震動

タテ波とヨコ波は地球の中を伝わっていく間に、地殻やマントルの境界面などで反射や屈折を繰り返し、地表面付近には波のエネルギーが地球の表面に沿って伝わる「表面波」が形成される。

表面波には「ラブ波」と「レーリー波」の2種類がある。ラブ波の伝わる速さはレーリー波の伝わる速さより10％ほど速いが、ヨコ波よりは遅い、しかも表面波の揺れる周期は長い。近年問題になっている高層ビルの長周期地震動はこの表面波によって励起される。表面波は周期が長いので減衰する割合が小さく地球表面を何回も伝播することがある。超巨大地震では地球を4周、5周した波が記録されている。

高層ビルは長周期地震動と共振しやすい性質がある。建物には揺れやすい固有の周期があり、その固有周期に近い地震波（表面波）が到達すると共振して大きな揺れを起こす。東日本大震災では震度5強の東京23区内の超高層ビルで、長周期地震動の大揺れが起こり、天井の落下やエレベータの停止、家具の転倒、移動などが発生し、最大震度3の大阪市内の超高層ビルでもエレベータの停止、内装の破損などの被害が生じた。

2003年の十勝沖地震では震源から北西に200km以上離れた北海道苫小牧港で石油タンクが長周期地震動を起こし、液面が揺れて破損し火災が発生した例がある。私の記憶では、長周期地震動が問題になった最初の地震である。

4・阪神・淡路大震災までは体感で震度を決めていた

日本で地震が起こると各地から震度を報告するという全国的な地震観測が始まったのは

1884（明治17）年である。測候所や気象台、あるいは地方自治体の役場などで、地震が発生するとそれぞれの場所で感じた地震動の強さを「震度」として記録していった。地震計の設置が未整備の時代、人間の感覚で揺れを記録することから始まったのである。人体で感じた地震を「有感地震」、ヒトが全く感じなかった地震を「無感地震」と呼ぶ。大地震でも震源域から1000㎞も離れた地点では揺れを感じないから、その離れた場所では無感地震となる。したがって有感地震、無感地震は地震の大きさとは直接関係はない。

明治時代には激震、強震、弱震、微震の名称で、震度は4段階で表示されていた。経験を積んでくると震度は細分化され、無感と震度1（微震）から震度6（烈震）の7段階の震度階として1948年まで使われた。

ところが1948年6月に発生した「福井地震」（M7.1）では、全壊家屋が多く、それまでの最大震度6では被害の実情を反映しないことが明らかになった。そこで震度7（激震）を加えて8段階にすることが決定され、1949年に気象庁（当時は中央気象台）は8段階の震度階を制定した。

震度7は「家屋の倒壊率30％以上の地域」と定義された。一般には震度6でも被害は発生しているが、その中で倒壊率が30％以上の地域があるかどうか、地震後の調査で震度7の地域の有無の決定がなされた。

この震度7の決定を発生後の調査結果で行うことが、後日問題になった。1995年「兵庫県南部地震」（M7・3）が起きた時、当時の内閣の対応は遅かった。たとえば地震は早朝5時46分に起こったのに、自衛隊への支援要請は5時間が経過した10時ごろになってようやく出された。政府内の誰が考えたのか最大震度が6なので、大した地震ではないと考えていて対応が遅れたとの言い訳がなされた。

関係者の震度決定への知識のなさがこのような失態を生じせしめたのだが、国会では早速このことを問題にした。そして、科学が進んだ時代に体感で震度を決めている、非科学的であると糾弾された。そこで器械を使って震度を決定することになった。そのはるか以前から震度は地面の揺れる速さが増していくと大きくなることは解明されていた。この揺れる速さが増していくのが加速度で、それぞれの震度に相当する加速度は分かっていた。

ただちに揺れの加速度や周期から震度を決定する震度計が開発された。震度計で決定される震度を「計測震度」と呼び、気象庁は1996年から運用を開始した。器械での測定なので、震度階はさらに細分化され、震度5と震度6にはそれぞれ強・弱が付けられ10段階で表示されるようになった。おおよその目安として震度5弱から固定していない家具が移動するような軽微の被害が出始める。そして壁に亀裂が生ずるような建物への被害が出始めるのは震度6弱からである。

震度計を設置すれば、経験者が居なくてもどの場所でも簡単に震度が測定できる。その結果、各自治体などでも地震対策の1つとして震度計を設置し、データは気象庁に自動的に直接送られるようになった。その結果、現在のように、地震が起これば各地の震度がテレビ画面に表示されるようになった。各地の震度を地図上に記入したものが「震度分布図」(図10)である。

震度計が置かれた地盤の強弱や地震の起こり方の影響もあり、震度分布は必ずしも同心円状にはならない。また震源から離れた震度0の領域に、揺れを感じた地域が現れることがある。このような特異な有感区域を「異常震域」と呼ぶ。異常震域の存在は地球内部の構造の複雑さを示している。何らかの理由で地震波が特に遠方まで伝わりやすい領域があることを示している。

異常震域を含め、震央から最も離れた有感地点までの距離を「最大有感距離」と呼ぶ。そして異常震域を除いた場合には単に「有感距離」という。「有感半径」ともいうが、これは有感域が震央を中心に同心円状になると仮定したもので、1つの目安にはなるが正確な用語ではない。有感距離や有感半径は地震の大きさの目安として使われていたが、20世紀の後半、マグニチュードが地震の大きさを現す指標として登場してからは使われなくなった。

地震観測の始まる以前の大地震、つまり古文書だけに記載されている地震についても震度分布が作成されている。これは古文書や言い伝えなどの古い資料から、それぞれの被害を調べ、その被害の大きさとその分布から震度を推定したものである。さらにその被害分

図10　大正関東地震（関東大震災）にみる震度分布（当時最大震度は6）

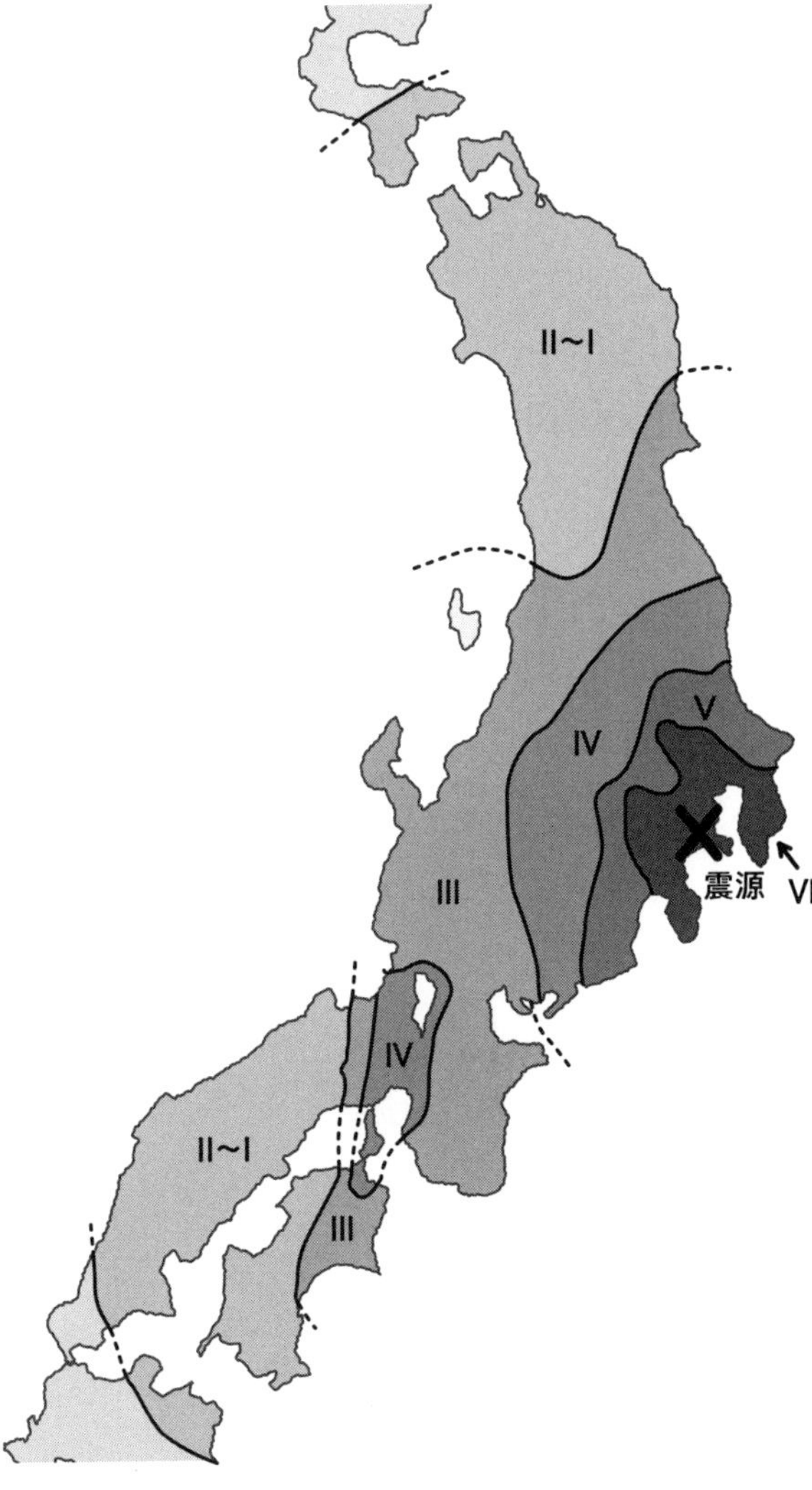

布の広さから後述するようにマグニチュードも決められている。江戸時代ばかりでなく、奈良時代や平安時代に起こった地震のマグニチュードが決められているのはこのためである。

5・マグニチュード7以上を大地震という

「地震のマグニチュード」は「地震の規模」でその研究は1930年代にアメリカで始まった。ウッド・アンダーソン型地震計に記録された地震の揺れ幅(「振幅」と呼ぶ)の大小から、それぞれの地震の大小を決めるのである。そしてその大きさを「マグニチュード」と呼んだ。

しかし、地震の揺れの大きさは地震の大小ばかりでなく、震源から地震計までの震源距離によっても異なる。またすべての地震がウッド・アンダーソン型地震計で観測されるわけでもない。震源距離の問題、地震計の特性の問題など1つひとつ解決されながら、標準となるマグニチュードの計算式が求められていった。

日本では1950年代からマグニチュードの研究が盛んになり、気象庁では日本国内で発生する地震についてマグニチュードを決めるようになった。当時のマグニチュードはあくまでも相対的に地震の規模を示すものだった。しかし、1977年になってモーメントマグニチュードが提唱され、マグニチュードに物理学的な意味が加わった。

モーメントマグニチュードは地震の断層面の面積やそのズレの大きさなどを考慮して求められる。その結果それまでは地震計の振幅が飽和（振り切れる）してしまうことから、最大の地震でもマグニチュードは8・5程度であった。しかし、モーメントマグニチュードの導入で、地震発生後、断層面の面積やズレの大きさを求めることによって、マグニチュードが決定できるようになった。その結果マグニチュードが9の超巨大地震の存在が明らかになってきた。マグニチュードはMで表すが、モーメントマグニチュードはMwと表している。

気象庁は2003年からは発表するマグニチュードはモーメントマグニチュードを考慮した式で求められている。したがって東北地方太平洋沖地震（東日本大震災）のときも、データが集まっていく間は、M7・9から始まって、いくつかの値がテレビ画面上にも表示されていたが最終的にはM9・0が決定された。

気象庁はマグニチュードの大小によって地震を次のように区分している。

大地震　………　M7以上

中地震　………Ｍ５以上７まで
小地震　………Ｍ３以上５まで
微小地震　……Ｍ１以上３まで
極微小地震　…Ｍ１以下

「巨大地震」という表現もあるが、これは最初に研究者たちがＭ８クラスの地震に対して使いだし、マスコミも使うようになった呼称である。東北地方太平洋沖地震以後、マスコミによっては「超巨大地震」を使いだしたが、その定義があいまいだったので、私はＭ９クラスの地震を「超巨大地震」と呼ぶことを提唱した（『次の超巨大地震はどこか』サイエンスアイ新書、２０１１年）。

６・地震発生のタイプ別呼称

大きな地震が発生すると、その震源域の周辺で次々に小さな地震が発生する。最初に発生した地震を「主震」または「本震」、それに続く小さな地震を「余震」と呼ぶ。一般に余震は本震よりマグニチュードが1以上小さい。余震の中で最も大きな地震を「最大余震」と呼ぶ。最大余震の大きさはその一連の地震活動の大きさを示すので注目する研究者は多い。

突然、本震に相当する地震が起こり、それに続いて次々に余震が起こる地震活動を「本震－余震型」と呼ぶ。大地震のほとんどはこの型であるが、なかには本震発生前に小さな地震を伴うことがある。このような場合、本震発生後は当然余震も起こるので「前震－本震－余震型」と呼ぶ。どのタイプの地震活動でも、そしてたとえ本震がM7クラスの大地震でも、その有感地震の余震活動は1～2週間で終わる。例外的に余震が1カ月続いた例がある。ただその余震は有感地震であって無感の微小地震や極微小地震はより長い期間発生している。M8クラスになると微小地震の余震が数十年間続いているのが確認されている。

東北地方太平洋沖地震では、本震の起こる2日前の3月9日11時45分に、北北西に約50km離れた地点でM7・3の地震が発生し、その余震も発生していた。そして3月11日14時46分に本震が発生した。さらに通常は日本列島で数年に一度程度しか発生していないM7クラスの地震（余震）が、その日のうちに4回発生した。余震活動は活発で本震発生から1カ月以内にM7クラス5回、M6クラス72回、M5クラスは約500回発生している。

結果的には9日の地震は本震の前震であった。また余震活動の激しさは如何に本震の震源域が広かったか、M9地震のすごさを示している。おそらく有感地震の余震は本震発生後10年以上20年ぐらいは続くのではなかろうか。

震源域を接して数時間、数日の間に同じ規模の地震が2つ続けて起こることがある。「双発地震」とか「双子地震」と呼ぶ。

本震に相当する地震がなく、同じような規模の地震が続発する場合がある。このような活動を「群発地震」と呼ぶ。群発地震の起こり方はいろいろある。同じ大きさの地震が数個起こり、その間に多数のそれより小さな地震が起こったりする。

群発地震は数時間で終わることもあるが、数日から数カ月、あるいは数年も続いたこともある。群発地震は火山地域で発生することが多く、同じ地域で同じような活動が繰り返される傾向がある。伊豆半島から箱根一帯にかけては群発地震が頻発することで知られている。

気象庁は2016年4月の「平成二十八年（二〇一六年）熊本地震」と命名された地震以来「余震」という言葉を使わなくなった。その顛末は拙著（『あしたの地震学』青土社、2020年、212頁）に譲るが、震源地が地下構造の複雑な別府－島原地溝帯で、同時に発生した2つの群発地震を余震と判断する失敗をし、その後にM7の大地震が発生した。この熊本地震の後すべての地震を「前震－本震－余震型」と考えたのか、より大きな地震がいつ起きてもよいように「余震」という言葉を使わなくなったのである。M9シンドロームの1つだ。

7・日本列島の地震分布

汎地球的に見ると日本列島は太平洋を取り囲む環太平洋地震帯に属する。変動帯と呼ばれる日本列島は4枚のプレートが相接する地球上でも特異な場所で、その周辺では地球上で起こる地震のほぼ10%が起きている。

巨視的に見れば、日本列島全体で地震が発生しているように見えるが、微視的に見れば、地震がたびたび起こる地域と北海道内陸のように比較的少ない地域がある。日本列島の地震は北海道の東方沖から四国南方に至る太平洋沿岸に沿う地震と、日本列島の全域から日本海側におよぶ地震に大別できる。太平洋側は千島海溝-日本海溝-伊豆・小笠原海溝と南海トラフ沿いの地震で巨大地震のほとんどはこの領域で発生している。太平洋側を「外側地震帯」、内陸側を「内側地震帯」とも呼ぶ。

日本で記録に残る最古の地震は416年に大和の国（奈良県）で起きた地震とされている。「日本書紀」に「地震」とあるだけで、おそらく記録に残すのだからかなりの被害があったと想像できるが、その被害程度も分からず、マグニチュードも決まっていない。

奈良、京都、鎌倉、東京（江戸）は昔の都や幕府があった場所であり、大阪は商人の町として奈良や京都と関係が深かった場所で、ともに古くから人間活動の活発な地域であった。したがっていろいろな古文書も残っており、地震が起こった記録として残されている割合が非常に高い地域である。

M8クラスの巨大地震は濃尾地震をのぞいて、すべて外側地震帯で起こっているし、M9の東北地方太平洋沖地震も同じである。日本列島太平洋沿岸地域ではM8クラスの巨大地震が100～200年に一度ぐらいの割合で起きている。

1891年に岐阜・愛知両県で起きた「濃尾地震」（M8・0）は日本列島内陸で発生しただ1つの巨大地震であるが、これを除くと内側地震帯で発生する地震は大きくてもM7・5程度である。内側地震帯では同じような場所でM7～7・5の地震が数百年から1000年以上の間隔で起きている。

8・首都圏直下地震は日本列島の宿命

首都圏では北アメリカ、太平洋、フィリピン海の3枚のプレートが房総半島の沖合で相接している。このような点を三重会合点（トリプルジャンクション）と呼ぶ。またその西側の駿河湾付近ではユーラシア、北アメリカ、フィリピン海の各プレートが同じように相接している。このため首都圏付近は4枚のプレートが互いに相接し、宿命的に地球上でも大地震の多発地帯になっていて、いつも大地震発生の危険が潜んでいる。世界中で各国の首都がこのような地震多発地帯に位置している例はほかにない。ニュージーランドの首都のウエリントンもオーストラリアと太平洋のプレート境界であるが2枚のプレートである。日本の全国民がこの事実を十分に理解しておく必要があろう。

東京湾を中心に東京都、神奈川県、千葉県付近の地下構造は複雑である。最上層に北アメリカプレートが位置している。東側から西側に向かって太平洋プレートが沈み込んでいる。また南西側から北東側に向かってフィリピン海プレートが沈み込んでいる。したがって東京湾付近の直下では、最上層に北アメリカプレート、その下にフィリピン海プレートと太平洋プレートの3枚のプレートが重なっている。

最上層の北アメリカプレート内では、潜在する断層が動くと首都圏直下地震が発生する。また太平洋プレートの沈み込みによって北アメリカプレートとの間では房総半島沖、千葉県東方沖、茨城県沖などと名づけられる地震が起こっている。そして伊豆半島より東側で、フィリピン海プレートの北東方向への沈み込みによって北アメリカプレートとの間で起きているのが関東地震である。沈み込んだフィリピン海プレートが太平洋プレートとぶつかるのが東京湾北部付近の地下90㎞から100㎞の領域である。また東京湾北部から千葉県西部にかけて、ときどき発生しているのがこの衝突による深い地震である。この地震は震源が深いため首都圏の広い範囲で揺れる。

気象庁の発表に注意していると、首都圏でこのような地震が起きたことが分る。地震の発生した場所に注意する習慣がつくと、地震発生のクセも理解されるようになってくる。クセとは例えば地震のマグニチュードに比べて広い範囲で有感になったとか、千葉県西部に震央がある地震は深い地震が多いなどである。

9・南海トラフ沿いの巨大地震は過去9回

過去1500年間に西日本の太平洋岸伊豆半島の西側では駿河トラフ、南海トラフに沿ってM8クラスの巨大地震が少なくとも9回繰り返されてきた。北海道東岸から東北地方、さらに関東地方の太平洋岸にかけても、同じように千島海溝、日本海溝沿いにM8クラスの巨大地震が繰り返されている。巨大地震は同じ領域で繰り返し起きている。震源域が海上であるから、当然、津波も発生する。津波の被害も同じように必ず繰り返されてきている。

伊豆半島をその上に乗せて北上してきたフィリピン海プレートは日本列島（北アメリカプレートとユーラシアプレート）にぶつかり、その下に沈み込む。伊豆半島を境に北東側に沈み込むことによって相模トラフを形成し、関東地震が起きる（103頁、図1）。

また北西側から北に沈み込んでいる部分では駿河湾から西でユーラシアプレートとぶつかり駿河トラフ、南海トラフを形成しながら東海地震、東南海地震、南海地震を発生させる。歴史的には過去に9回の地震が確認されている（125頁、図5）。

この地域の地震の特徴は2つの巨大地震が30時間から2年間ぐらいの間に続けて発生していることである。この起こり方を「連動する」と呼ぶ。

地震の「連動」には、相接する領域で2つの、あるいは3つの地震がほとんど続けて起こり、地震を感ずる人々には「1つの地震で長く揺れた」地震と、はっきりと地震が2回あったと識別できる連動とがある。

1854年12月23日に「安政東海地震」（M8・4）が起こり近畿地方から関東地方まで広い範囲で被害が出た。現代になって津波や地殻変動の解析から、この震源域は駿河湾にまで達していると解釈されている。およそ30時間後に「安政南海地震」（M8・4）が発生し中部地方から九州地方まで被害をもたらした。波の高さが10mの大津波が紀伊半島や土佐を襲った。第0章2節では「半割れ」と呼ばれた現象である。

第2次世界大戦前から戦後まで使われた小学校（当時は国民学校）5年生の国語の教科書に載った「稲むらの火」（拙著『地震の教室』古今書院、2003年、76頁参照）は、和歌山県下でこの津波のときに起きた実話である。

慶長の地震も2つの地震がほとんど同時に起こったのではないかと考えられているが、安政の地震ほどはっきりとは分かっていない。

康和の1096年と1099年の地震は2年3カ月の間を置いて起こっている。また昭和の東南海地震（M7・9）と南海地震（M8・0）もほぼ2年の間を置いて起きている。

これら2つのペアの地震を1つと考えると、1500年間に少なくとも9回は数えられるこの南海トラフ、駿河トラフ沿いの巨大地震は、そのうち5回までが同じような大きさの地震が、領域内の東と西で最大でも2年程度、最短は1日の間を置いて発生している。このように「巨大地震が2つ連動する」のがこの地域の特徴である。

その9回の地震の中でも明応年間の地震は第2章、第3章で述べた鎌倉大仏の大仏殿を流したとされていた地震である。日本では史上最大の津波の被害をもたらした地震の1つであり、震源はかなり東まで延びていたのではないかと推定されている地震である。

また宝永年間の地震は超巨大地震かそれに近い地震だったと推定されている。特にこの地震の49日後に富士山が噴火し宝永山が出現している。研究者の中にはこのただ1回の例を出して、東海地震や関東地震の発生と富士山の噴火とを結び付けようとする人がいる。その発生間隔の幅をどの程度にするかにもよるが、私は基本的には南海トラフ沿いや相模トラフ沿いの巨大地震と富士山の火山活動は別物と考えている。

1500年間のうち1605年の慶長地震から4回の地震の発生間隔は90年から150年、それ以前の5回は100年から260年である。何かの理由で発生間隔が短くなったのか、あるいは古文書がなく大きな地震が見過ごされている可能性もあるが、現在のところは不明である。

先に「太平洋側に地震は100年から200年に一度」と書いた。読者の中には90年～150年、100年～260年という数値をどのように解釈したらよいか困惑する人がいるかもしれない。地球上の現象、特にこのような地震の発生間隔などは30年、50年あるいは100年の幅があることを理解しておいて欲しい。数十年の差は誤差のうちである。

10・地震の空白域

一度大地震が発生し余震活動が終息すると、その領域では大地震ばかりでなくM４とか５の地震も起こらなくなる。地震活動がほとんどなくなる。このような領域を「地震の空白域」と呼ぶ。大地震が発生し余震活動が終焉すると地震の空白域となる。しばらく地震活動の静穏期が続いた後、少しずつ地震が起こり始め、再び大地震の発生へとつながるというのが１つの地震発生のプロセスである。空白域内に突然大地震が発生することもある。大地震の発生から次の大地震の発生までの時間は一定でないので、なかなか大地震が発生する時期の予測は難しい。

千島海溝から日本海溝へ続く北海道東岸では、震源の決定に信頼のおけるデータが得られるようになった20世紀からでも、それぞれの空白域を埋めるように巨大地震が発生している。そして、それぞれの地震では大なり小なり必ず津波が発生している。その中で注目すべき地震が起きた。

21世紀に入ってすぐの２００３年9月26日北海道釧路沖で「十勝沖地震」（M８・０）が発生した。長周期地震動が初めて確認された地震である。この地震の震源域は、ほぼ50年前

図11　20世紀に発生した千島列島・三陸沖の大地震の分布

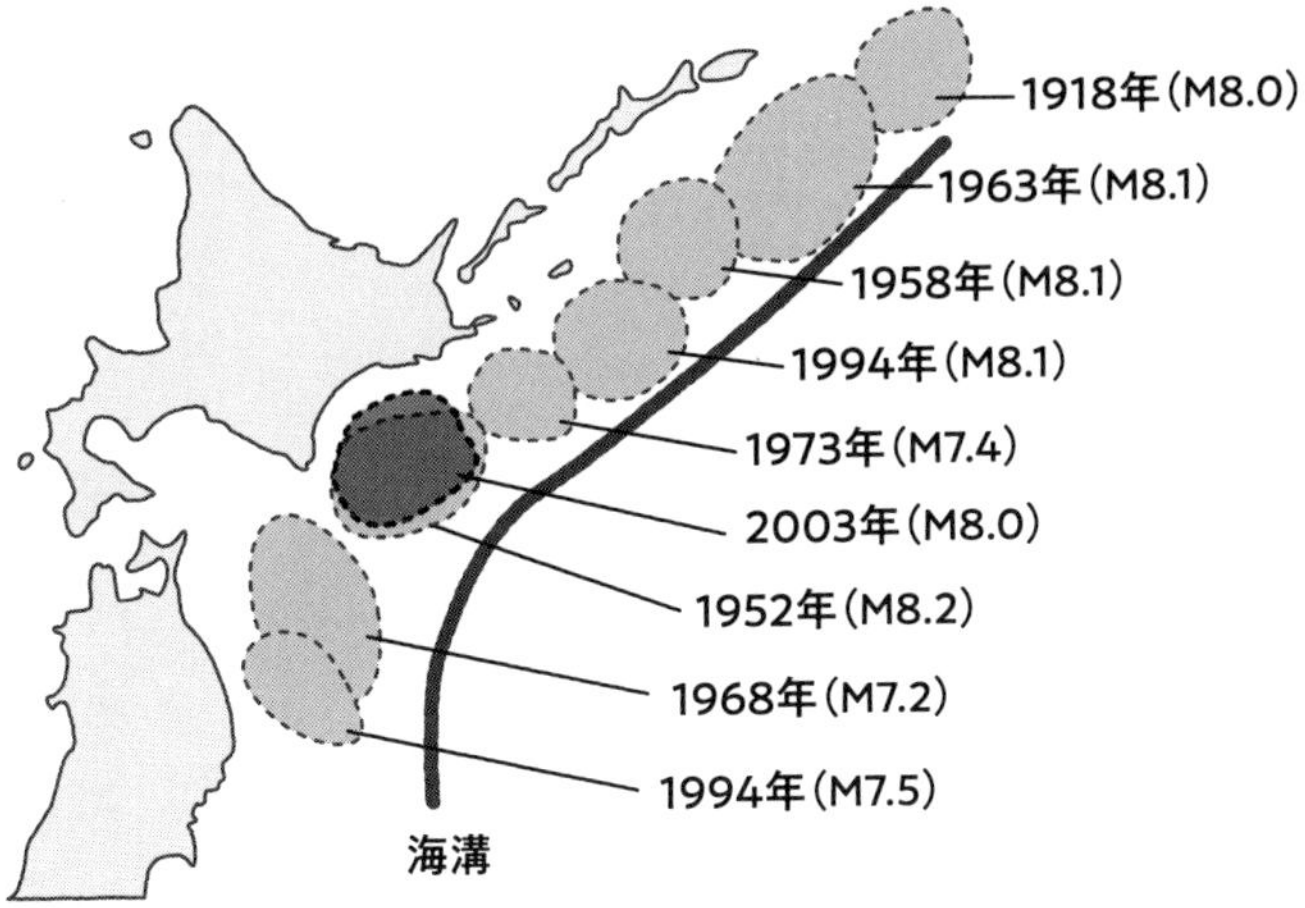

の1952年3月4日に起こった「十勝沖地震」（M8・2）とほとんど重なる非常に珍しい例である。珍しいというのは、一般に巨大地震の発生間隔は長いので、近代科学となった地震学がその震源を正確に決められるようになったのが、100年程度の歴史しかないので、まだ同じような例がないという意味である。

　M8クラスの十勝沖地震が50年の間をおいて再び起きたのは、震源域での地震を発生させる歪の蓄積過程を研究する上でも貴重なデータとなっている。震源域が海洋域のため詳細な地震活動は得られていないので、そこでの地震活動の程度、どの程度の空白域であったかははっきりしないが、興味深い地震である。

　空白域という話は有感地震の話で、気象

庁の観測網では検知できない微小地震のレベルの余震になると、すでに記したように濃尾地震の場合では発生から70年が経過しても発生していた。

北海道から東北日本の日本海側沖合には過去200年間に6回のM7クラスの大地震が発生している。互いに震源域が重なり合うこともなく、空白域を埋めるように発生していたが、ほぼ南北の一直線上に並ぶことが不思議でもあった。しかし、プレートテクトニクスが進化し、北海道から東北地方が北アメリカプレートまたは独立した小さなマイクロプレート（「オホーツクプレート」と呼ぶ人もいた）に属するという考え方が定着した。その結果、この日本海東縁の南北の大地震列がプレート境界であることが判明し、多くの研究者が納得した。

この地震群も第4章で詳述したように津波を伴う。特に1983年の「日本海中部地震」（M7.4）では地震による死者104人のうち100人が津波に流され命を失った。

1993年7月の「北海道南西沖地震」（M7.8）では地震発生から間もなく、奥尻島に津波が襲来して、震災と津波で壊滅状態になった。地震発生直後に、津波が襲来した典型例である。

11・地球の寿命を見せつける活断層

断層は地下の岩盤に割れ目が生じ、その面を境に両側が上下方向や水平方向にズレが生じたところである。一般にはそのズレやくい違いを断層と呼んでいる。地震のときにはほとんど一瞬にして、地面に大きな食い違い（ズレ）が生ずることがある。このように地震で生じた断層を「地震断層」と呼ぶ。地震断層は地下に潜在している断層が動き、地震が発生したが、その地下の断層の動きが地表面にまで達し、地表面のズレあるいはくい違いとして識別されたものである。新たに地震断層を生じさせた断層は地下にあるときは見えない「潜在断層」である。

地質や地形の専門家が言う地表面上の断層のほとんどは、過去に地震の発生によってできたくい違いやズレであるが、何千年か前に生じたので、人類が見ていないので「地震断層」とは言わず、ただ「断層」と呼んでいる。しかし、そのような断層もほとんどは地震で形成されているのだ。

1960年代前半まで、断層は地震の結果だと考えられていた。ところが地震は断層が動いたときに発生する弾性波による揺れであることが、1960年代後半になって明らかにされた。地下にある潜在断層によって地震が発生し、ときにはその岩盤のズレが地表面に現れて地震断層となる。断層は地震の結果生ずるいわば「地震の子供」と考えられていたのが「地震の親」だったのである。

多くの場合、地下の岩盤の上には堆積層と呼ばれる軟弱な地盤が存在するので、岩盤の動きが地表面には現れにくい。軟弱な地盤によって地下の断層が隠されているのだ。しかし、地下の断層に沿って地表面には亀裂や地割れなどが走っている。

断層は地表面の亀裂や地割れとは異なり、地下の硬い岩盤がスパッと割れたのである。その割れ目は水平方向に何キロ、何十km も追跡できることがある。1891年の濃尾地震では80km も追跡できた。濃尾地震では岐阜県根尾谷の水鳥（ミドリ）村（当時）に断層が出現した。上下方向のズレが6m、水平方向は左横ズレ2mの断層で、「根尾谷断層」とか「水鳥《みどり》断層」と呼ばれている。現在でも日本では最大の地震断層で、国の天然記念物に指定されている。

濃尾地震は日本列島内に起こった極めてまれなM8の地震である。地表に出現した断層は数km程度であるが、地割れ群を追跡すると伊勢湾から福井県にかけて80km の大断層が動いたことが分る。

なおこの濃尾地震を調査した地質学者の小藤文次郎（東京大学地質学教室・教授）は水鳥断層を見て、「断層運動が地震を起こした」と看破したが、その意見が一般的に理解されるようになったのは前述のように70年以上が経過した1960年代になってからである。

断層は垂直方向に動いたものと、水平方向に動いたものとに大別される。しかし、実際には濃尾地震のように上下、水平両方向の動きの組み合わせである。水平方向の動きは「横ズレ断層」、垂直（上下）方向の動きは「縦ズレ断層」と総称され、「正断層」と「逆断層」とに分けられる。断層面が傾斜しているとき、上側（上盤）が下にずれた場合は「正断層」、上側が上にかぶさるように動いていれば「逆断層」と呼ぶ。

水平方向の断層面に向かって立ち、向こう側（相手側）が左にズレていれば「左横ズレ断層」、右にズレていれば「右横ズレ断層」と呼ぶ。

地震後、地面が隆起したり、沈降したり、また水平に移動したりするがこれは断層運動の結果である。このような地盤の変動を「地殻変動」と呼ぶ。日本列島のようにプレート境界に位置している地域は、地殻内に常に力が働き地震でなくても日常的に土地の「隆起」、「沈降」、「傾動」、「伸縮」が進行している。岩盤の変動ではなく表面の軟弱な地層の変化は「地変」と呼び、岩盤が動く地殻変動とは区別している。山崩れ、崖崩れなどは地変である。

活断層は「最近の地質時代に繰り返し活動し、将来も活動する可能性があると推定される断層」と定義されている。「最近の地質時代」として「第四紀」と呼ばれる時代を考えるのが一般的であった。しかし、この第四紀も学問の進歩とともに約200万年前から今日までと考えられていたのが、最近では260万年前から今日までと考えられるようになった。

ところが原子力発電所の建設に伴う活断層の定義では、「現在から12～13万年前までの間に動き、将来も動く可能性のある断層」であった。それが東日本大震災後の原子力発電所の安全基準の検討では、40万年前までに拡大されたようだ。

原子力発電所に関連した活断層の議論を聞いていて違和感を持った。それは過去に動いたことだけに注意や議論が集中し、これから動くと推定されるのかどうかは全く議論していない。活断層の定義の半分は「将来も活動する可能性があると推定される」断層なのだ。実際将来活動するかどうかの判定は難しい。しかし、彼らの議論は「過去40万年の間に動いたことがある」だから「これから原発が稼働している30年、40年の間（原発稼働期間内）に動く可能性がある」との主張である。その主張の趣旨は理解はするが、40万年間と40年間というタイムスケールの違いを無視した議論なので、違和感を持つことになる。ただ「活断層か否か」というより、断層が今後活動する可能性の有無を検討したほうが実りある議論になるだろう。

私はこれまで高校生の頃に教えられた原子力安全神話を信じてきた。東日本大震災後に原発は活断層の上には建設しないという規則があることを知った。その主旨を尊重すれば日本列島内に原発建設の可能な場所はほとんどない。地図上では細い1本の線で描かれている活断層も、もし活動すればその両側数キロから数十㎞の幅の領域が震源地で大きく揺れる。安全な場所などほとんどなくなるはずだ。

ただし、完成している原発を「ただちに廃炉にすべし」という議論にも賛成できない。原発建設に当たっては地震の揺れに対しての十分な対策が考慮され建設されていると思うからである。そして「稼働中に地震は絶対に起こらない」と言えない以上に、「起こる」とも言えない。たとえ稼働中に大地震が発生しても、建造物は揺れに耐えられるように設計され施工されていると信じたいのであるが……

人類は科学技術の進歩で大自然に対峙するという姿勢が今日の文明発展をもたらし、原子力問題もその延長戦上にある。しかし、人造物は自然に対して限界があるということは、十分に認識すべきである。放射性物質がひとたび拡散すれば、人間の手に負えない。原発に手を出すべきではない。自然への謙虚な気持ちが求められる。

元来活断層は、その活動度からA級、B級、C級に分類されていた。その定義は以下の通りである。

A級：1000年あたりの平均変位速度が1・0ｍ以上10ｍ未満
B級：同右0・1ｍ以上1・0ｍ未満
C級：同右0・1ｍ未満

1930（昭和 5）年の「北伊豆地震」（M7.3）で出現した丹那断層。
火電神社の鳥居と階段が 2m ズレている。

変位量が1000年間で10m以上になるようなほぼ連続的に動く断層を「クリープ断層」と呼ぶ。この断層はアメリカ・サンフランシスコ郊外のサンアンドレアス断層が有名であるが、日本列島ではそのような断層の存在は確認されていない。

現在でも地質学会や第四紀学会で、この活断層の等級分けが使われているのかどうかも知らないが、メディアの報道を見る限り、原子力発電所に関した活断層の議論では、このような等級分けは考慮されてはいないようだ。

例えば1930年に北伊豆地

震（M7・3）を起こした丹那断層は、その後に調査がなされ最も調査・研究が進んでいる断層の1つである。断層の総延長は35kmで、全体的には東側が北に動いた左横ズレ断層である。最大3・5mの水平移動と2・4mの上下変動が確認されている。現在の静岡県函南町畑から掘削中の丹那トンネルを挟み北へ4kmの田代にかけては現在でもその動きが明瞭に識別できる。

畑では水路に沿って並べられた石や石垣が水平に2m以上もズレ（左横ズレ断層）ている。田代では火雷《ひらい》神社の鳥居と石段の間に断層が走り、鳥居の正面にあった石段が2m近く左にズレている。石組の鳥居は石段に向かって左側の柱のみが残り、右側の柱と上部が崩壊し、現在でも半分は土に埋もれているが、当時の姿を留めている。掘削中だった丹那トンネルは両集落の間の畑寄りにあり、最大2・7mズレてしまった。これを修正するためトンネル内は一部拡幅されている。

畑では1985年に断層のトレンチ調査（断層を横断するように穴を掘り断面を調べる調査）が行われた。そしておよそ1100年前に起こった承和8（841）年の地震の痕跡を確認している。1つの断層で記録に残る2つの地震が確認された初めての例である。このトレンチ調査の結果、丹那盆地では平均の地震発生間隔は700年と求められている。それから類推すれば次にこの断層が活動するのは2600年〜2700年ごろということになる。A級活断層の丹那断層だが、50年、100年の誤差を考えても、これから数百年間は安心と言えよう。活断層の議論ではこのような調査こそ重要である。

12・地球の寿命と人間の寿命

丹那断層の次の活動は27世紀から28世紀ごろと言われても現在の私たちには、何の関係もないと感じるだけだろうが、それでも遠い将来発生するのだろうという感覚は持つであろう。では過去30万年、40万年の間に動いた断層が、相応の年月が経過しているから近いうちに動く可能性があるかもしれないと言われても、現代の私たちが現実の問題として考えるのは大変難しいだろう。そこには「地球の寿命」と「人間の寿命」という2つの異なるタイムスケール、時間の尺度があるからである。

第1章5節で述べているが、地球は46億年前に誕生したと考えられている。これから何年間存在し続けるか分からないが、その寿命を100億年と仮定する。それに対して人間の寿命は100年である。地球は人間の1億倍長生きする。人間の1秒という時間感覚は地球では1億秒である。1億秒という時間はおよそ3年2カ月になる。

すでに第1章7節で述べ、一部重複する事案だが、重要だと思うのでさらに記しておく。以下はある地震研究者が地震に関する啓発講演で語った内容である。

- 家が壊れなければ生き延びられる。地震後も住める。家の耐震化は必要。
- 阪神・淡路大震災では地震発生の5時46分から6時ごろまでの15分間に死亡者の80%が亡くなっている。圧死です。
- ですから家の耐震化は重要で、地震はいつ起こるか分かりません。すぐにしておいてください。

彼の主張には全く同感である。「抗震力」でも項目を設けているように壁に亀裂が入った、外壁が壊れたなど多少の壊れた個所があっても、潰れなければ地震後にも住み続けられ、以前と同じ生活ができる。

ここで気を付けて欲しいのは演者が当然ながら人間のタイムスケールで話をしていることである。「家が壊れれば困るでしょう」と人生100年内の話である。その通りであるから聞いた人は、必要な費用と考えて、何十万円か何百万円かの費用を使って家の修理や耐震化をして安心を買うことになる。つまりある種の保険を掛けるのである。耐震化が完了し、いつ地震が起きても大丈夫と安心し幸せな人生を送るだろう。しかしその人が首都圏に住んでいる人なら、すでに述べたように被害を伴う地震の発生はどんなに早くても21

世紀後半、その耐震化が役立つ前に人生が終わるか耐震化が老朽化してしまい、再度耐震化が必要と言われるであろう。せっかくの耐震化、せっかくかけた保険が全く役立たなくなる可能性が高いのだ。彼は講演の中で「地震はいつ起きるか分かりません」という言葉を使ったが、ここがマジックである。人間の寿命で話していて、さりげなく「地震はいつ起こるか分からない」と「地球の寿命」にすり替えたのだ。

１００年後に地震が起こったら、耐震化した人は無駄をしたことになる。高い保険料は全くのムダ金になる。人間にとっては１００年でも、地球のタイムスケールではたった30秒程度である。

地球の寿命では「いつ起こるか分からない」地震も、人間にとっては何十年も先の話になる可能性が大きい。講演を聞いている人は最後まで人間の寿命で聞いているので、ギャップが生じるのである。

研究者仲間で話をするときは、地球の寿命で話したり人間の寿命で話したり、互いに理解しているので日常会話として話している。しかし一般講演を聞く人にはこの点を丁寧に話さないと誤解を生むことになる。

「地震が起きる」と言われてから２００年後に起きたとしても、地球の寿命の感覚ではたった1分後である。

専門家以外の人もいるある会議の席上での話を紹介する。「（この火山は）たった

3000年前に噴火していま す。次の噴火がいつ起きても不思議ではありません」と1人の専門家が発言した。「たった3000年前」という発言に専門家以外は「3000年を〈たった〉と表現する。専門家は違う」と感じたようだ。

そこで私は「たった3000年というが、その存在も不確かな神武天皇より400年も前、日本では神代の時代の話ですよ」と発言した。「神武天皇」と聞いて、一般の人は自分に関係ない話だと理解したようだ。

このように地震や火山噴火の発生は当然、地球の寿命のなかでの出来事である。その地球規模で眺めれば、日本列島は環太平洋地震帯に属し地震が頻発している地域である。すべては地球の寿命の話である。人間の200年は地球の寿命では1分程度である。このタイムスケールの違いが、地震発生時期、時間を人間の時間感覚で特定するのを困難にしている。

断層運動もまた地球の寿命の中で起きている。40万年は人間の感覚にすれば数時間である。たびたび断層が動くから活断層と呼ぶのだが、それでも40万年に一度動くかどうかという、タイムスケールの長い話である。

13・海底地震が生み出す大津波・小津波

海洋域で地震が発生すると津波が発生することがある。海の下で地震が起きれば海底の岩盤が動く、つまり海底に地殻変動が生ずる。海底の変動が上下変動の場合には、その海底の変化に励起されて津波が発生する。津波が発生した領域を「波源域」という。波源域は震源域とほぼ一致する。海底に生ずる断層の長さは数十kmから、数百km、1000kmの断層が発生した例もある。したがって波源域の面積は1000k㎡を超えることもしばしばある。

東北地方太平洋沖地震の場合、断層面は南北450~500km、東西200kmであったから、その面積は10万k㎡で巨大津波が発生したことが理解できる。

津波は波源域から四方八方に伝わっていく。その速さは毎秒数十mから200m程度、時速にすれば200kmから800km、ゆっくり伝わっても新幹線並み、早い場合はジェット機と同程度の速さで伝播する。津波は水深が5000mと深い海平原地域では最も早くジェット機並みに伝わっていく。

1960年に日本を襲った「チリ地震津波」では震源距離が1万6000~

1万7000kmである。発生した津波は水深5000～6000mの海平原をジェット機と同じ程度の速さで伝わり、地震発生から22時間後に三陸沿岸に高さ5～6mで襲来した。日本全体では142人が亡くなった。このチリ地震のマグニチュードはM9・5、現在でも史上最大の地震である。

津波は周期が数分から数十分の非常にゆっくりした波長の長い波である。波源域では海面は何回も高くなったり低くなったりする。そして海岸ではその波が何回も寄せることになるので、津波の襲来は繰り返され、何時間も続く。津波に関する情報が発せられてから解除されるまで、ときには24時間も津波警報が出続けることがあるのはこのためである。津波の襲来は、はじめの数回の間に高い波が来るのが普通であるが、最初の波が最大とは限らない。

外洋での津波の波高は数mから10m程度、波長は数十mから数百m以上もあるから、船に乗っていても津波を感じることはほとんどない。陸地に近づくと水深が浅くなるので津波の高さが増し、地形がV字型の湾奥では津波のエネルギーが集中して20m、30mに達することがある。三陸海岸や三重県志摩半島などのリアス式海岸がたびたび津波の被害を受けてきたのはこのためである。さらに湾奥では陸地に到達した津波が斜面を遡上するので、津波の到達地点はその波の高さ以上になる。津波の最終到達地点を「遡上高」と呼ぶことがある。岩手県の綾里は三陸海岸の中では津波に対し「最大の遡上高」が記録されることで知られている。

マグニチュードの大きな地震では大きな津波が襲来する可能性が高いが、震源の深さや断層の動き方にも左右される。M7や8の大地震でも、震源が100km、200kmと深ければ、断層は海底面まで現れない可能性があり、津波は発生しない。また地震を起こした断層運動が水平でも、大きな津波を起こす可能性は低い。

津波が海岸まで達する時間は震源と海岸までの距離によるから、地震ごとに異なる。震源は陸地からは、はるか沖合に決定されていても、震源域が海岸近くまで延びている地震では、発生から数分で津波は海岸に押し寄せてくる。「海辺に居て地震を感じたらすぐ高台まで逃げろ」という教訓はこのためである。

過去に津波に襲われた海岸には、その津波の被害を記憶に留めるための記念碑が残されていることが多い。そのような記念碑を調べることにより、昔起きた津波の様子が理解できる。おそらくその時代と今日では海岸の様相は大きく異なるが、津波の恐ろしさを十分に知ることができ、抗震力のシュミレーションに役立つだろう。日本列島では記録が残る過去1500年間に大小合わせて百数十回も津波に襲われてきた。平均すれば10年に1回ぐらいはどこかの海岸で津波を経験している。もちろん数mを超す大きな津波の襲来は数十年に一度かもしれないが、過去の教訓を忘れないで伝承してゆくことが重要である。地震同様、津波によって命を奪われてはならない。

大正関東地震で約１m隆起して海面上に現れた岩盤
（神奈川県江の島・稚児ヶ淵）

このことは東日本大震災でも証明された。過去に20m、30mの津波に襲われているのに、海岸に設置されていた10mの防潮堤の力を過信し避難をしなかった住民が、宮古や釜石では少なくなかったらしい。そのような地域ではどこでも１０００人以上の犠牲者が出ているのに、「大地震が起きたら津波が来るからすぐ逃げろ」の先祖からの言い伝えを実践した岩手県田野畑村のように、犠牲者が１００人程度と全人口に対する比率で他の自治体よりはるかに低い10%で済んだ地域もある。

地震のマグニチュードは地震波の振幅から決められる。マグニチュードが小さな地震なのに大津波が襲来した例がある。１８９６年「三陸沖地震」（M

7・6→8・2）は震害が少なく、最初のマグニチュードはM7・6と決められ、津波の大きさを考慮してM8・2と再決定された。このように津波の被害は大きいが震害は少なかった地震を「津波地震」と呼ぶことがある。

20世紀後半になって、断層運動がゆっくり起こり地震の揺れは大きくはないのに、大きな地殻変動で津波が発生する地震があることに気付かれた。それ以来、このような地震を「ゆっくり地震」とか「スローアースクエイク」などと呼んでいる。そして1896年の三陸沖地震のマグニチュードもM8・2と求めなおされたのだ。

14・地震を起こす力

「地震の親は断層」と述べてきているが、ではその断層はどうしてできるのだろうか。地下の岩盤に大きな力が働いて断層が形成されるが、その力はどこから来るのだろうか。その力が明らかになったのは20世紀の後半で、現代科学ではその力の源はプレート運動だとされている。

プレートテクトニクス論によれば、日本列島付近では4枚のプレートが互いに相接している。太平洋の海底は1枚の巨大な岩盤で形成されており、その巨大な岩盤を「プレート」

と呼ぶ。太平洋を形成するプレートが「太平洋プレート」で、東から西に向かい年9㎝の速さで日本列島に近づき、その下（北アメリカプレート）に沈み込んでいる。沈み込んだプレートは地下500〜600㎞付近で地球内部に吸収され消えていく。またその沈み込みに従って千島海溝、日本海溝が形成されている。

太平洋の西側部分、伊豆－小笠原諸島の西側には「フィリピン海プレート」が北上し、太平洋プレートは伊豆－小笠原海溝を形成しながらその下へと沈み込んでいる。北上したフィリピン海プレートは日本列島の西側部分（ユーラシアプレート）にぶつかり、やはりその下に沈み込んでいる。そしてその沈み込みで形成されたのが南海トラフである。しかもフィリピン海プレートの上には海底火山で噴出した島が乗っており、日本列島に衝突したその島は伊豆半島と呼ばれている。伊豆半島を境に北東側に沈み込んで形成されたのが相模トラフ、西側に形成されたのが駿河トラフで、さらにその西側は南海トラフに続いている。

太平洋プレート、フィリピン海プレートの2つのプレートが衝突している日本列島側は、「ユーラシアプレート」と呼ばれるユーラシア大陸を形成する巨大プレートの東端に位置すると考えられていた。プレートテクトニクス論が進化し、日本列島の東半分、新潟県の糸魚川から松本平、諏訪盆地を経て富士川に通ずる構造線を境に、その東側は「北アメリカプレート」に属するとの考えが示された。この北アメリカプレートの存在には疑問が出され、オホーツク海から北海道、東北日本を含む「オホーツクマイクロプレート」が存在するのではとの意見も出されたが、この議論はその後あまり進展していないようなので、本書では日本列島の東側は北アメリカプレートに属するとしておく。ただし理科年表にはオホーツクプレートが示されている。

したがって太平洋プレートは陸側の北アメリカプレートに、フィリピン海プレートはやはり陸側のユーラシアプレートにぶつかり、それぞれ日本列島の下に沈み込んでいると考えられるようになった。そして首都圏の近くでこの4枚のプレートが相接していることにより、地震活動が活発になることはすでに述べた。

またユーラシアプレートに接する北アメリカプレートの西端は「フォッサマグナ」と呼ばれる地溝帯を形成している。フォッサマグナの西縁が糸魚川から富士川に続く糸魚川－静岡構造線で、その東側は関東山地である。プレート境界になるフォッサマグナもまた地震活動の活発な地域である。

海側のプレートが日本列島の下に沈み込むとは言っても、厚さが70～100kmの硬いプレートが、固い岩盤の日本列島の下に沈み込むのであるから、その接触面ではぎしぎしとした岩盤と岩盤の押し合いや擦り合いが起きている。陸側の岩盤は沈み込むプレートに引きずり込まれるようになる。弾性体である岩盤はある程度引きずり込まれると、縮んだバネが戻るように、弾力で跳ね返る。この岩盤の跳ね返りが地震（特に巨大地震）の発生である。陸の岩盤が滑って元に戻る面はプレートとプレートの境界である。

大地震の前には三浦半島や房総半島の先端、御前崎、潮岬、室戸岬などが少しずつ沈降し、大地震発生時に急に隆起するのも、このプレートの沈み込みで説明できる。同じ地域で100年〜200年ぐらいに一度の割合で大地震が繰り返されることも容易に理解されるだろう。

15・群発地震の豆知識

2020年12月に始まり2023年5月になっても続いている石川県能登半島先端付近の地震活動は、多くの地震研究者が「群発地震」と呼ぶのに対し、気象庁は「地震活動が活発になっている」と説明して、決して「群発地震」と言う言葉は使わない。気象庁が群発地震と言う言葉を使わないのは、地震学で「群発地震」に対してはっきりとした定義がなされていないからだと、私は考えている。業務官庁としてはそれも仕方がないとは思うが、実際は2016年の熊本地震に際しても震源域から30㎞、50㎞離れた阿蘇山周辺や、大分県の別府－万年山《はねやま》断層帯付近で発生した群発地震を余震と判断し、それ以後地震が発生しても「余震」と言う言葉を使わくなった経緯がある（拙著『あしたの地震学』215頁

図 12-A　松代で観測した群発地震の日別有感地震回数

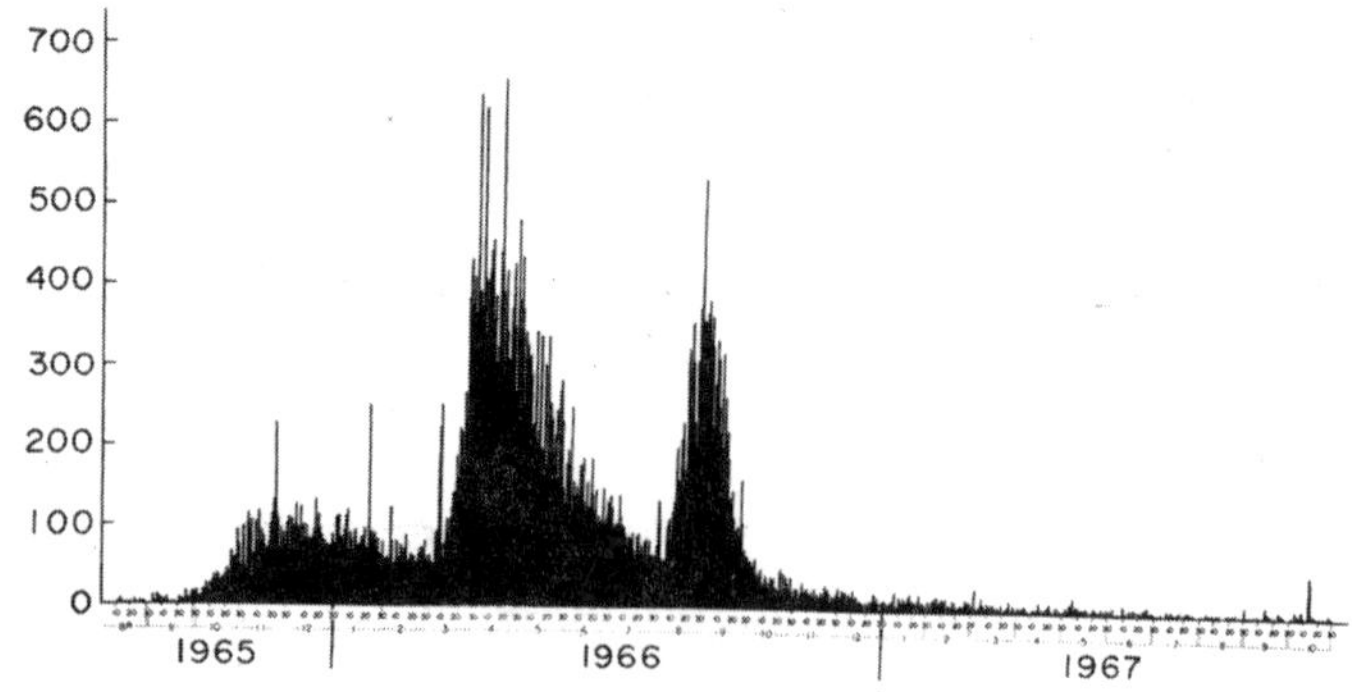

参照）。

松代群発地震の日別有感地震回数を図12－Aに、震源分布を図12－Bに示した（原図『図説 日本の地震』神沼他、東京大学地震研究所、研究速報第9号、1973年）。日別有感地震回数では合計6万回以上の地震が連日発生していた。有感地震のうち震度4と5の地震を図12－Bに黒丸で示してあるが、そのマグニチュードはM4以上である。松代地震の最大地震はM5・4であったが、図12－Aから分かるように、最盛期の1966年には毎日数百回、活動期でない時でも数十回の地震が連日発生していた。

図12－Bの下段からはほとんどの地震は地下1kmから8kmと極めて浅い領域で発生していることが分かる。地震が極めて浅いところで発生しているので、マグニチュードが小さ

図 12-B　松代群発地震の震央分布（上段）と a-b 面に投影した断面図
（原図『図説 日本の地震』）

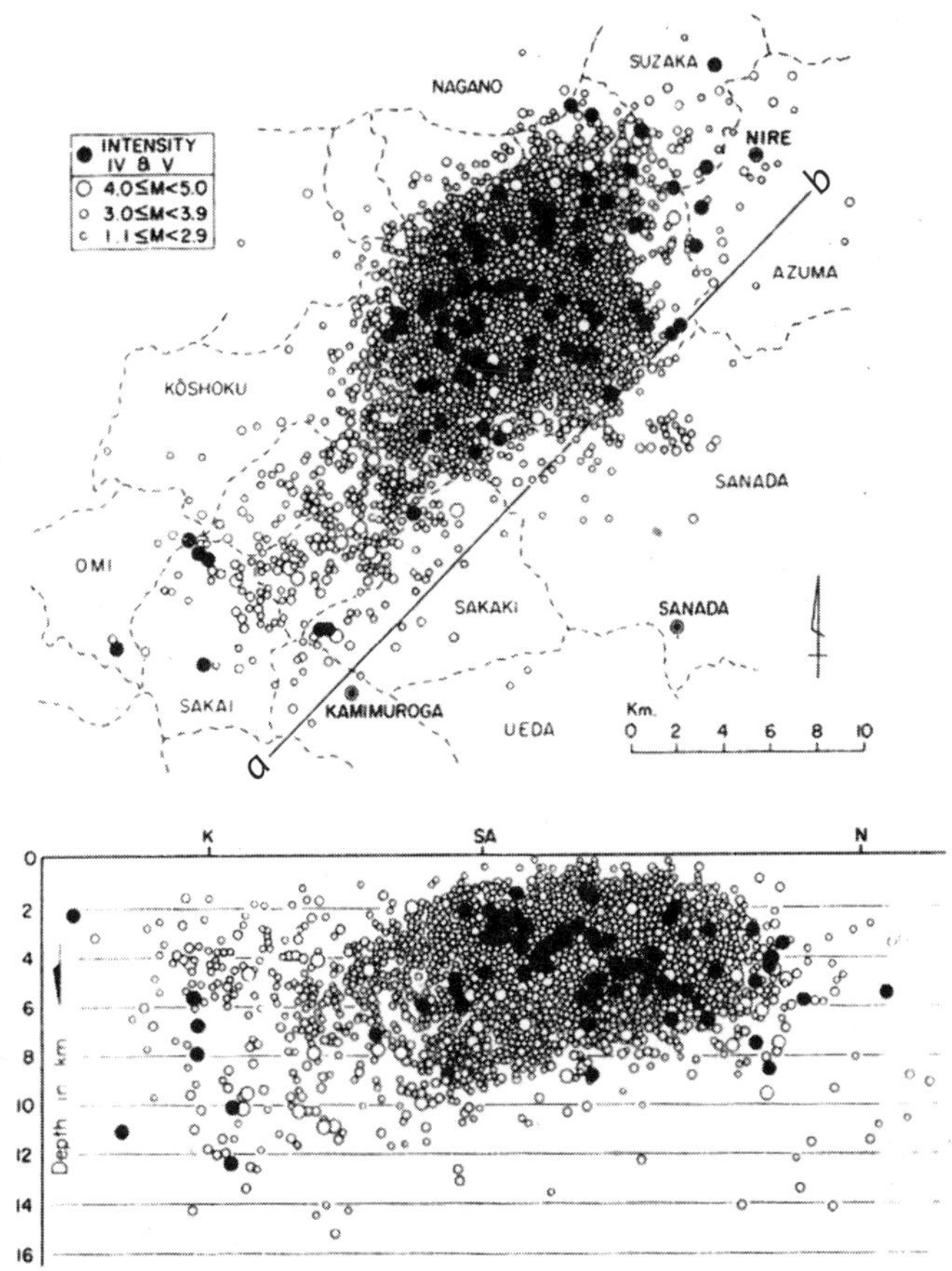

い地震でも有感地震になり、6万回以上の地震が記録された。このように微小地震観測網を設置して臨時観測を2年以上継続した結果、松代地震の全体像が詳細に観測された。図13に示す既存の観測網だけの能登（群発）地震の活動と比較して欲しい。

２０２３年4月から5月が全体の活動の中で、どの程度の活発さであるのかは分からないが、M６・３の地震が起きた直後以外は地震数がほとんど増えていない。地震が記録されていない日もあるので、気象庁は「群発地震」とは呼ばず、「地震活動が活発になっている」と表現している。

トカラ列島の地震は、全体にM３以下の地震がほとんどで、5月13日のM４・４の地震が起きる以前の5月初旬から地震活動は活発化していた。この地震についてもM１以下の極微小地震まで観測すれば、より多くの地震が観測さる。

新島・神津島の地震も発生した地震数が急激に減少しているので群発地震か本震－余震型は判別が難しい。M５・３、M５・１と2つの地震が起きているので双発地震ともみられるが、どちらにしても長期間の活動にはならないだろう。

このように群発地震はたびたび揺れを感じるので気持ちが悪いとは言っても、被害を伴うような地震の発生は限定的なので、その性質を十分理解し、揺れを感じても落ち着いて対処して欲しい。

図 13　2023年5月の日本列島内新島・神津島、トカラ列島、能登半島付近の群発地震日別地震回数。

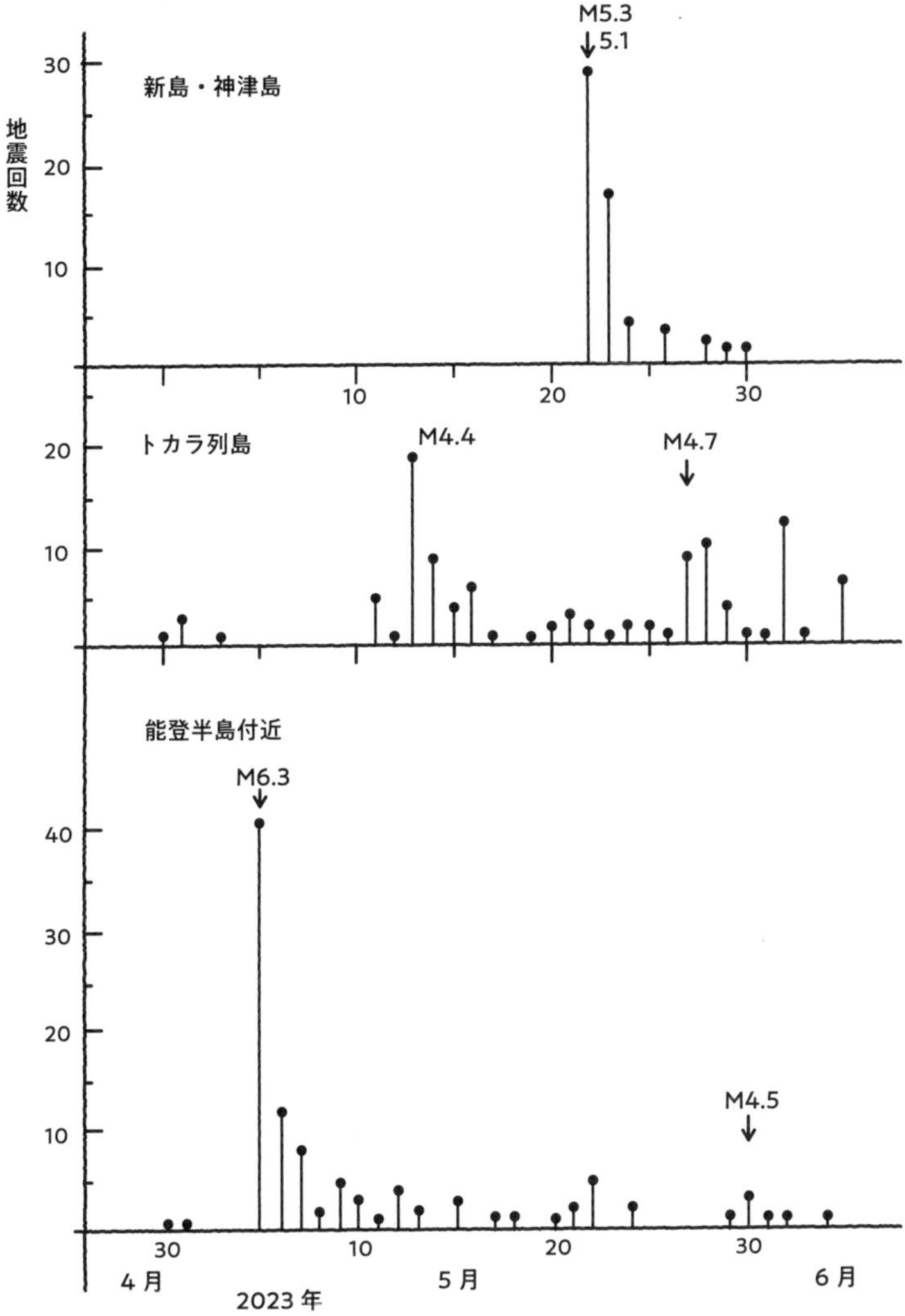

16・関東地震の到来を南極・昭和基地で待つ

地震観測は南極の昭和基地でも行われている。日本で地震観測をしている多くの機関の観測データは気象庁に送られ、日本列島周辺で発生した地震の震源決定の精度を高めたり、震度分布で示されるようにどの範囲まで有感地震であったかなど、その大きさを調べるデータとして活用されている。

昭和基地の地震観測は国際協力で始まった1957年の国際地球観測年以来続けている観測の1つである（拙著『あしたの南極学』青土社、2020年）。ほかの観測と異なり昭和基地だけでの地震観測では、日本の研究者にはあまり役立つデータとはならないが、地球上で起こる地震の震源決定には多大な貢献をしている。南半球は陸地が少なく、したがって観測点も少なく、地震ばかりでなく気象や地磁気のデータも少ないので、昭和基地だけでなくどの基地のデータも重要で、互いに貴重な国際貢献をしている。

特に地震観測に関しては、南極大陸のインド洋に面した沿岸地域では、昭和基地の両隣りは1000km以上にわたり地震観測をしている基地がないので、地震観測の空白地域となっており、それだけ昭和基地の地震観測は重要である。特にインド洋で起こる地震の震源決定では昭和基地のデータがないと、決定された地震の精度が全く違ってくるので、イギリスに本部を置く国際地震センターでは自動で震源決定をしていても昭和基地からのデータが届いていないとすぐ分かり、問い合わせが極地研究所に届く。このように昭和基地の地震観測は国内の地震観測点とは大きく異なり毎日の観測で国際貢献を続けている。

1967年私が初めて昭和基地で越冬した当時は、設備も貧弱（越冬しているときはそんなことは考えず当たり前と思っていたが）で、日本への通信手段は無線通信の電報だけだった。越冬中に子供が生まれても、その写真が見られるのは毎年12月ごろに訪れる南極観測船で届けられる郵便であった。そんな昭和基地であるが、現在は日本とは電話が24時間通じ、メールもやり取りできる。子供が生まれれば隊員のところへはすぐ写真が送られてくるようになった。

そこで私が考えており、期待しているのが、日本で巨大地震、少なくとも次の関東地震では、地震が発生すれば体感で大きな地震と判断できるだろうし、5分ぐらいで巨大地震か否かは判断できる（緊急地震速報のシステムでも判断可能）ので、発生したらすぐに極地研究所の担当者は昭和基地に電話で知らせる。昭和基地の担当者は記録を眺めているうちに、関東地震の波形が到着し、貴重な観測ができる。昭和基地は日本から1万4000km離れているので、日本付近で発生した地震が到着するまでに15～16分はかかる。だから大地震発生を確認してからでも、昭和基地に知らせ、記録を採ることは十分に可能である。

図 14　東北地方太平洋沖地震（M 9. 0）の昭和基地での地震記象

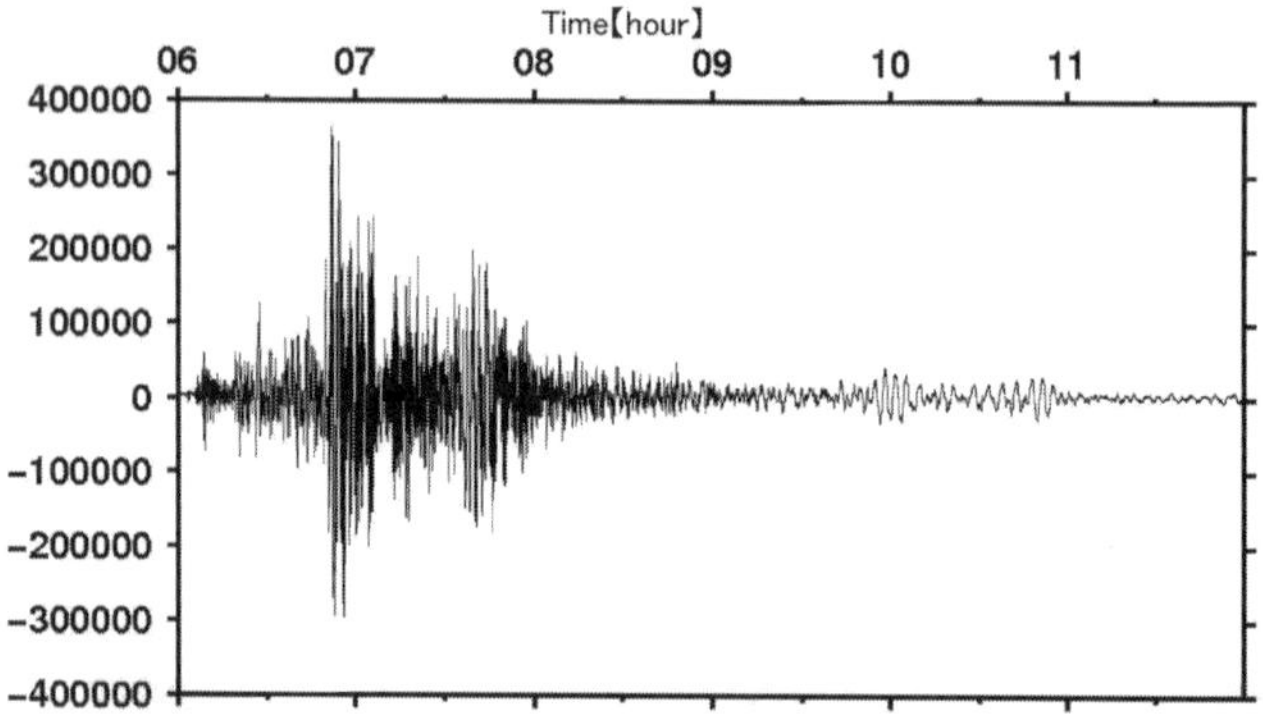

2011 年 3 月 11 日、グリニッジ標準時（UTC）06 時～ 12 時を表示、地震発生後約 20 分で初動が到着、マグニチュード 9.0

日本では大地震発生で混乱しているだろうが、昭和基地では落ち着いて到来する波形を眺められる。大きな地震なら直接伝播してきた波ばかりでなく、地球の反対側を回ってきた波、2周、3周してきた波なども観測可能なはずである。

このような観測に成果を上げるためには、出発前から問題意識を持ち、どんな観測をしたらよいか考えておけば、新しい発見に結びつくいろいろな観測も可能である。

私は現役中にこのような観測をしてみたいと考えていたが、まだ周囲の環境が整っていなかった。そんな話を若い研究者には何回かしたが興味を持つ研究者も少なかった。したがって東北地方太平洋沖地震が発生した時は、そのようなことは可能だったが、興味をを持つ人がいなかったので実現できなかった。だから次の関東地震では是非実現して欲しいと願うのである。

実は大正関東地震はオーストラリア・シドニーのリバービュウー天文台の地震計を視察中の、当時の東京大学地震学教室の教授だった大森房吉によって目視されている。大森は目の前で動き出した地震計の描針を眺め、描かれていく波形からタテ波、ヨコ波を判断し、その初動の方向から目の前の地震が日本で起きた地震と判断したという、運命的な逸話が残っている。

これから100年後の昭和基地や地震学がどんなになっているかは想像できないが、地震現象解明には観測が基本となることには変わりはないはずで、誰かがそんな観測をして成果をあげることを夢見ている。

あとがき

日本の地震対策は叫ばれる割には、付け焼刃のような例が多い。行政も一般国民も阪神・淡路大震災や東日本大震災のような大震災の後は大騒ぎするが、10年もすると忘れてしまう。防災グッズを購入しても、一度も使わないまま、どこかにしまい込んでしまう。

行政でも30年が限度で、それ以上の継承は難しいようだ。

しかし、一般に個人的には一生に一度遭遇するかどうか分からない大地震である。多くの日本人にとって、生涯で大地震に被災する可能性は低いので、線香花火的な対策で済ましているが、不幸にして大地震に遭遇すると悲劇を生むことになる。

そこで、息長くできる個人の地震対策として、抗震力を提唱した。「地震では絶対に死なない」、「自分も家族も地震から生き延びる」には日ごろから個人で、家庭で、職場で、地震に遭遇した場合を想像し、互いに話し合うことを重ねることにより、個々人の抗震力が身についていくのである。

本書を手元に置き、ときどき思い出して抗震力を考えて欲しい。自分は生涯、大地震に遭遇することもなく震度6や7の大揺れを経験しないで済むかもしれない。しかし、日本列島のメガロポリスに住む人は将来必ず巨大地震に遭遇するであろう子供や孫、さらには玄孫など、次世代に伝えて欲しい。

地球の営みの地震現象は、地球のタイムスケールで対策を立てなければならないことを理解し、ぜひ実行して欲しい。

口絵の関東大震災の写真は小学校時代の御師の御尊父故中野春乃助の撮影で御遺族から提供頂いた。同写真は拙著「首都圏地震と神奈川」（有隣新書、2012）でも使わせて頂いた。御遺族とも話合い、これらの写真の「ガラス乾板」は貴重な資料として、横浜都市発展記念館に寄贈された。1964年の日米地震予知シンポジウムの写真を頂いた唐鎌郁夫氏ともどども厚く御礼申し上げます。

本書の復刊を推奨し、大正関東地震100年を目前に、リニューアルして出版してくださったロギカ書房の橋詰守社長に心から御礼申し上げる。

2023年7月

神沼克伊

【マ行】

【ヤ行】

【ラ行】

【ナ行】

【ハ行】

【タ行】

プロフィール

神沼 克伊（かみぬまかつただ）

国立極地研究所並びに総合研究大学院大学名誉教授
固体地球物理学が専門
1937年6月1日生まれ
神奈川県出身

1966年 3月 東京大学大学院修了（理学博士）、東京大学地震研究所入所・文部教官助手
地震や火山噴火予知の研究に携わる。
1966年12月～1968年3月 第8次日本南極地域観測隊越冬隊に参加
1974年 5月 国立極地研究所・文部教官助教授に配置換え、以後極地研究に携わる。南極へは合計16回公務出張。
1982年10月 文部教官教授。
1993年 4月 総合研究大学院大学教授兼任

【主な著書】

『世界旅行の参考書「あしたの旅」―地球物理学者と巡るワンランク上の旅行案内』（ロギカ書房、2022）、『南極情報101』（岩波ジュニア新書、1983）、『南極の現場から』（新潮選書、1985）、『地球の中をのぞく』（講談社現代新書、1988）、『極域科学への招待』（新潮選書、1996）、『地震学者の個人的地震対策』（三五館、1999）、『地球環境を映す鏡南極の科学』（講談社ブルーブックス、2009）、『みんなが知りたい南極・北極の疑問50』（ソフトバンククリエイテブ、2010）、『次の超巨大地震はどこか?』（ソフトバンククリエイテブ、2011）、『白い大陸への挑戦日本南極観測隊の60年』（現代書館、2015）、『南極の火山エレバスに魅せられて』（現代書館、2019）、『あしたの地震学』（青土社、2020）、『あしたの南極学』（青土社、2020）、『地球が学者と巡るジオパーク日本列島』（丸善、2021）、『あしたの火山学』（青土社、2021）、『あしたの防災学』（青土社、2022）、『地震と火山の観測史』（丸善、2022）他多数。

巨大地震を生きのびる

発行日　2023年8月31日
著　者　神沼《かみぬま》 克伊《かつただ》
発行者　橋詰 守
発行所　株式会社 ロギカ書房
〒101-0052
東京都千代田区神田小川町2丁目8番地
進盛ビル303
Tel 03（5244）5143
Fax 03（5244）5144
http://logicashobo.co.jp
印刷所　モリモト印刷株式会社

978-4-909090-99-7　C0044